KB117444

영문법 100일의 기적

영문법 100일의 기적

지은이 이보영
펴낸이 임상진
펴낸곳 (주)넥서스

초판 1쇄 발행 2018년 4월 15일
초판 10쇄 발행 2024년 5월 20일

출판신고 1992년 4월 3일 제311-2002-2호
주소 10880 경기도 파주시 지목로 5
전화 (02)330-5500 팩스 (02)330-5555

ISBN 979-11-6165-323-5 13740

www.nexusbook.com

이보영 선생님과 함께 왕초보 탈출!

영문법 100일의 기적

이보영 지음

넥서스

아이부터 학생, 취업 준비생까지 다들 영어 말하기에 열중하는 듯한 요즈음, 영문법에 대한 관심이 그 어느 때보다 커지고 있다니 좀 의아하실지 모르겠습니다. 영어로 말하기가 필요한 경우를 크게 두 가지로 보는데 통문장을 외워서 그때그때 통째로 쓰면 되는 경우와, 살면서 마주하는 무수한 상황에서 조금 길게 또는 복잡하게 말을 이어 가야 하는 경우를 들 수 있죠. 어딜 가서 누구를 만나도 항상 Nice to meet you. I'm from Korea. Where are you from? How much is this?와 같은 통문장으로만 일관할 수는 없는 일이 점점 더 많아지고 있습니다.

취업뿐 아니라 대학 입시, 학생들의 수행평가에서도 영어 구사력이 중요한 잣대가 되고 있다는 것은 주지하고 있는 사실입니다. 뿐만 아니라 여행을 가고, 토론을 하고, 사업을 하고, 아예 생활의 터전을 해외로 옮기는 경우 등이 이제는 너무나 흔해졌기 때문에 조금 더 자세하고 구체적으로 자신의 생각을 표현해야 하는 상황을 더 많이 경험하고 있습니다. 그러다 보니 누가 뭐라고 하지 않아도 이제는 영어 문법을 좀 제대로 다져야겠다는 생각을 스스로 하게 되는 거죠. 미리 달달 외워 놓았다가 그때그때 짧게 쓰고 마는 통문장과는 다른 수준으로, 단어와 단어를 어떤 순서와 형태로 연결해야 하는지 정리해 놓은 것이 우리가 접하게 될 영문법 책입니다.

사실 외국어를 배우면서 그 언어의 기초적인 문법 지식을 훑는 것은 당연한 과정입니다. 그런데도 많은 사람들이 문법을 어려워하고 골치 아프게 여기는 데에는 어려운 용어들이 한몫한다고 봅니다. 그래서 본 〈영문법 100일의 기적〉에서는 영어의 문장을 만드는 단어, 구, 절과 같은 요소들과 함께 명사부터 전치사에 이르기까지 각 품사들을 먼저 알아보았습니다.

그리고 매일 하나의 문법을 설명하면서 실제로 이런 문법들이 어떤 경우에 어떤 식으로 쓰이는지 예문을 먼저 제시해서 감을 잡을 수 있도록 하고, 또 해설 이후에 실용적인 예문을 다시 제시해서 더욱 확실하게 이해할 수 있도록 했습니다. 이후 이어지는 Review Quiz에서도 실세 말하기 상황에서 쓰일 만한, 지나치게 단순하거나 억지스럽지 않은 맥락과 내용의 문장들이 나옵니다. 그래서 문제를 풀면서 앞서 나온 문법 사항의 실제 쓰임을 확실하게 이해하는 것과 동시에 그 안에서 새로운 어휘들을 익혀서 전체적인 언어 실력을 확장하는 것을 목표로 했습니다.

가정법 과거, 미래 완료, 조동사……. 이런 문법적 내용과 더불어 중간쯤에는 이제까지 나온 문법 사항들을 토대로 한 실용적인 뭉치 표현들을 상황별로 분류하여 제시했습니다. '요청하기', '허락 구하기', '수락하기' 등과 같이 특정 상황에서 자주 쓰이는 표현들을 모아, 이들이 문법적으로 어떤 형식으로 되어 있는지를 모아 보았죠. 단순히 원칙을 제시하는 것에서 벗어나 그 하나하나의 아이템들이 어떤 맥락에서 어떤 모양으로 쓰이는지를 알게 하는 것이 목표이기 때문에 그렇습니다.

어떤 변화를 시도한 후 100일이 지나면 자신의 것으로 자리 잡는다고 하죠? 이번 기회에 평생 벗이 될 수 있는 영어의 기본 뼈대를 잘 익혀 보시기 바랍니다. 이 책이 나오기까지 깊은 인내심과 내공으로 함께해 주신 넥서스 출판사 편집부와 사랑하는 후배 이정화 교수님, 그리고 원어민 검수를 맡아 주신 Jooch Nam 선생님께 깊은 감사를 드립니다.

이보영 올림

100일의 기적 학습법

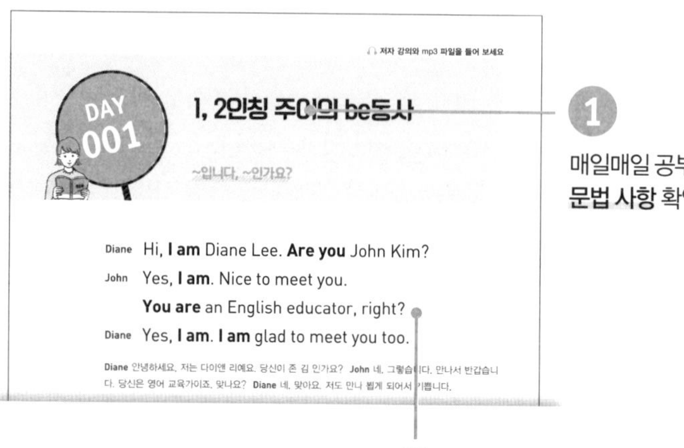

저자 강의와 mp3 파일을 들어 보세요

DAY 001

1, 2인칭 주어의 be동사

~입니다, ~인가요?

Diane Hi, **I am** Diane Lee. **Are you** John Kim?

John Yes, **I am**. Nice to meet you.

You are an English educator, right?

Diane Yes, **I am**. **I am** glad to meet you too.

Diane 안녕하세요. 저는 다이앤 리예요. 당신이 존 김 인가요? **John** 네, 그렇습니다. 만나서 반갑습니다. 당신은 영어 교육가이죠, 맞나요? **Diane** 네, 맞아요. 저도 만나 뵙게 되어서 기쁩니다.

1

매일매일 공부할
문법 사항 확인하기

2

오늘 배울 문법이 들어간
자연스러운 **원어민 대화**
읽어 보기

3

회화에서 뽑은
실용 문법 이해하기

Diane 안녕하세요. 저는 다이앤 리예요. 당신이 존 김 인가요? **John** 네, 그렇습니다. 만나서 반갑습니다. 당신은 영어 교육가이죠, 맞나요? **Diane** 네, 맞아요. 저도 만나 뵙게 되어서 기쁩니다.

회화에서 뽑은 문법

I am, You are에서 am과 are는 각각 **be동사**라고 하는데요, 우리말로 '~이다'에 해당합니다. 주어 다음에 주어에 맞는 be동사를 말하고(I am, You are) 이어서 이름, 직업, 신분, 상태, 기분, 위치 등의 단어를 말하면 됩니다. **I am은 I'm으로, You are는 You're처럼 짧게 붙여 말할 수 있습니다.** you는 '너', '당신', '여러분'의 뜻으로 다 쓰일 수 있습니다.

- **I'm** Diane.
  저는 다이앤이에요.
- **I'm** an English educator.
  저는 영어 교육가입니다.
- **I'm** glad to be here.
  여기 오게 되어서 기쁩니다.
- **You're** John Kim.
  당신은 존 김이군요.
- **You're** a marketer.
  당신은 마케터군요.
- **You're** tall!
  당신은 키가 크군요!

회화에서 뽑은 문법

I am, You are에서 am과 are는 각각 **be동사**라고 하는데요, 우리말로 '~이다'에 해당합니다. 주어 다음에 주어에 맞는 be동사를 말하고(I am, You are) 이어서 이름, 직업, 신분, 상태, 기분, 위치 등의 단어를 말하면 됩니다. **I am은 I'm으로, You are는 You're** 처럼 짧게 붙여 말할 수 있습니다. you는 '너', '당신', '여러분'의 뜻으로 다 쓰일 수 있습니다.

- **I'm** Diane.
  저는 다이앤이에요.
- **I'm** an English educator.
  저는 영어 교육가입니다.
- **I'm** glad to be here.
  여기 오게 되어서 기쁩니다.
- **You're** John Kim.
  당신은 존 김이군요.
- **You're** a marketer.
  당신은 마케터군요.
- **You're** tall!
  당신은 키가 크군요!

4

문법이 어떻게 활용되는지
예문을 통해 익히기

5

복습은 기본!
Review Quiz로
공부한 내용을
한 번 더 확인하기

1 빈칸에 알맞은 be동사를 넣어 문장을 완성하세요.

A Hello. I ________ Jane Martin.
안녕하세요. 저는 제인 마틴이에요.

I ________ a singer.
저는 가수예요.

B Oh, you ________ Jane Martin!
오, 당신이 제인 마틴이군요!

Nice to meet you! I ________ your big fan!
만나서 반갑습니다! 전 당신의 열렬한 팬이에요!

A Thank you. You ________ so kind.
감사합니다. 당신은 정말 친절하군요.

2 괄호 안에서 알맞은 be동사를 골라 문장을 완성하세요.

영문법 100일의 기적

MP3 • 해설강의 듣는 방법

1

스마트폰에 QR코드 리더를 설치하여
책 속의 QR코드를 인식하면
원어민 MP3와 녹음강의를
바로 들을 수 있습니다.

MP3 + 강의

2

콜롬북스 어플을 설치하여
도서명을 검색하세요.

3

팟빵이나 아이튠즈 팟캐스트에서
도서명을 검색하세요. podbbang.com

차례

DAY 001~020

DAY 021~040

DAY 041~060

DAY 061~080

DAY 081~100

명사

'단어'라는 뜻의 **word**는 '산', '사랑', '생각', '나', '우리' 등과 같은 의미를 갖는 최소한의 단위입니다. 우선 이름을 가지고 있는 **명사**에는 '책상', '자동차'처럼 **눈에 보이고 손에 잡히는 것을 가리키는 명사**도 있고 '생각', '사랑'처럼 **관념을 가리키는 명사**도 있습니다. 또 '먹다', '공부하다'처럼 행동을 가리키는 동사에 '~하기'와 같은 꼬리를 붙여서 '먹기', '공부하기'로 표현해 마치 명사와 같은 역할을 하게 하는 **동명사**도 있죠. 또 '그 여자', '그 남자', '그것', '저것들'과 같은 **대명사**도 있습니다.

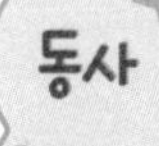

동사는 말 그대로 움직임을 나타내는 단어입니다. '먹다', '자다'처럼 **눈으로 보이는 행위를 가리키는 동사**, '고민하다', '깨닫다'처럼 **개념, 생각 등을 가리키는 동사**, '머물다', '알다'처럼 **상태를 나타내는 동사**도 있습니다. 이런 주요 동사 외에 **be동사**와 **조동사**가 있습니다. 조동사 have는 주요 동사와 같이 쓰여서 진행형인지 완료형인지를 결정하고, 조동사 will은 미래 시제를 결정하는 데 도움을 줍니다. 이 밖에도 가능성, 개연성, 의무, 능력, 필요성 등을 나타내는 may, might, can, must, should 같은 조동사들도 있고 do나 does로 쓰이는 조동사 do도 있습니다.

형용사는 명사의 상태, 기분, 모양 등을 구체적으로 설명해 주는 역할을 하는데, **현재분사**(동사+ing)나 **과거분사**(동사의 과거분사형) 형태를 형용사처럼 쓰기도 합니다. 형용사는 명사의 앞에 오거나(a big car 커다란 자동차), 주어나 목적어를 설명하기 위해서 동사의 뒤에 위치하기도 합니다.(John is tall. 존은 키가 커요.)

부사는 형용사, 동사, 심지어 다른 부사들과 함께 쓰여서 '어떻게', '어느 정도로', '얼마 동안', '얼마나 자주', '언제', '어떤 식으로', '어디에서', '어떤 태도로' 등의 추가적인 정보를 주는 역할을 합니다. **형용사 뒤에 -ly를 붙여 부사를 만들 수 있고,** fast나 hard처럼 **형용사일 때와 같은 모양으로 쓰는 부사도** 있습니다.

단어와 단어, 문장과 문장을 연결하기 위한 **접속사**는 '그리고', '또는', '그러나', '그래서', '그 이유는'과 같은 의미로 **말의 논리를 세우기 위해 앞뒤를 연결하는** 역할을 합니다. and, or, but, so, because 등이 대표적이죠. 이외에도 긴 문장 안에서 연결사 노릇을 톡톡히 하는 that도 있습니다.

위치, 방향, 도구, 목표 등을 가리킬 때는 to, in, from, by, across, into, with 등의 **전치사**가 쓰입니다. **전치사는 특정 동사들과 같이 쓰이는 경우도** 있는데, 예를 들어 depend는 on과 꼭 같이 쓰여서 '~에 의지하다'라는 뜻을 만듭니다.

감탄사는 '어쩜 ~일 수가!', '얼마나 ~인지!'와 같은 감탄의 의미를 만들어 줍니다. 보통 **한 마디 단어로 감탄을 표현할** 수 있는데 Wow!, Phew!, Oh! 등이 대표적입니다. **감탄문을 문장으로 표현할 때는 what과 how**로 시작할 수 있습니다.

주어

주어는 어떤 행위를 하는 주체를 말합니다. '누가' 또는 '무엇이'에 해당하죠. 주어의 자리에는 일반 명사 또는 동명사나 to부정사(to + 동사원형)가 오기도 합니다. 또는 '~가 …을 한다는 것은'이라는 뜻으로 That으로 시작된 절이 올 수도 있는데, 주어 자리에 오는 말이 너무 길어지게 되면 그냥 It이라는 임시 주어로 자리를 메꾸고 그 긴 내용은 문장의 뒤에 to 이하 또는 that 이하로 말하기도 합니다.

예 **I** like ice cream. 난 아이스크림을 좋아해요.

Eating ice cream is fun! 아이스크림을 먹는 것은 즐거워요!

To eat ice cream is fun! 아이스크림을 먹는 것은 신나요!

= **It** is fun **to eat** ice cream!

동사

주어가 '무엇을 하는지'에 대해 설명하는 부분입니다. go, eat, put off 처럼 단어 한두 개 또는 여러 개의 동사가 연결되어 동사구가 되기도 합니다. 주로 주어 다음에 위치하죠.

예 I **like** ice cream. 난 아이스크림을 좋아해요.

Please **turn out** the light. 불 좀 꺼 주세요.

보어는 말 그대로 주어와 목적어의 내용을 보충 설명해 주는 역할을 합니다. 아래의 예문에서 '내 꿈'은 주어이고, be동사 뒤에 있는 to become a soccer player가 주격 보어가 되는 거죠.

예 He is **a student**. 그는 학생이에요.

My dream is **to become a soccer player**.
내 꿈은 축구 선수가 되는 거예요.

주어, 동사 뒤에 이어져서 '~를', '~에게'로 해석되는 부분입니다. 일반 명사, 동명사, to부정사, that절이 올 수도 있습니다.

예 **I like ice cream.** 난 아이스크림을 좋아해요.

I like eating ice cream. 난 아이스크림 먹는 것을 좋아해요.

I want to eat ice cream. 난 아이스크림 먹는 것을 원해요.

I think that eating ice cream is fun!
난 아이스크림을 먹는 것이 신나는 일이라고 생각해요!

수식어

문장 안에서 주어, 동사, 목적어, 보어 등을 구체적으로 설명해 주는 부분입니다. 주로 형용사, 부사, 전치사구(전치사+명사) 등이 이에 해당됩니다.

예 **She runs fast.** 그녀는 빠르게 뛰어요.

I go to work in the morning. 난 아침에 출근합니다.

문장에서 가장 뼈대가 되는 부분이 주절이고 그에 해당하는 구체적인 부분이 뒤에 이어질 때 그것을 종속절이라고 부릅니다. 주절은 그 자체만으로도 독립적인 문장의 구실을 할 수 있지만 종속절은 독립적인 문장이 되지 못합니다. 종속절은 보통 that으로 이어지기도 합니다. '~라고', '~라는 것을'에 해당합니다. 또는 whether, if 등으로 이어지기도 하는데 '~인지 아닌지', '만일 ~라면'의 뜻입니다.

예 It is great (주절) that he finally made it. (종속절)
훌륭한 점은 그가 드디어 해냈다는 겁니다.

I will take a walk in the park (주절) if it doesn't rain tomorrow. (종속절)
만일 내일 비가 오지 않으면 나는 공원에서 산책을 할 거예요.

I will move out (주절) whether you like it or not. (종속절)
나는 당신이 좋아하든 싫어하든 이사를 나갈 거예요.

문장의 형식

1형식

주어와 동사만으로도 문장이 될 수 있습니다. 목적어나 보어를 동반하지 않아도 그 자체로 충분히 문법적으로 올바른 문장이 되는 경우죠.

예 She sings. 그녀는 노래를 해요.
주어 동사

Time flies! 시간이 빨리 흐르네요!
주어 동사

The sun rises. 태양이 떠오릅니다.
주어 동사

2형식

그러나 모든 문장이 그렇지는 않습니다. 주어와 동사 그리고 주어를 설명하는 보어까지 와야만 문법적으로 바른 문장이 되는 경우도 많지요. 특히 **be**동사와 상태의 변화를 나타내는 동사 **become** 그리고 **see**, **smell**, **feel**과 같은 감각을 나타내는 동사 뒤에는 반드시 그 주어를 설명하는 보어가 필요하죠.

예 I am tired. 난 피곤해요.
주어 동사 보어

We became friends. 우린 친구가 되었죠.
주어 동사 보어

It feels soft. 그건 부드럽네요.
주어 동사 보어

3형식

이번에는 주어와 동사 다음에 목적어가 오는 형식의 문장입니다. 가장 잘 알려진 3형식 문장의 예문으로 **I love you.**가 있습니다. 목적어는 보통 '~을/를'로 해석되는데요, 명사나 to부정사 또는 동명사가 목적어 자리에 옵니다.

예 They like all kinds of music.
주어 동사 목적어

그들은 모든 종류의 음악을 좋아하죠.

She likes to play the piano.
주어 동사 목적어
그녀는 피아노를 연주하는 것을 좋아해요.

He enjoys playing the violin.
주어 동사 목적어
그는 바이올린 연주하는 것을 즐깁니다.

4형식 문장은 주어와 동사 다음에 간접목적어(~에게)와 직접목적어(~을/를)가 옵니다. '누구에게 무엇을 주다'라는 뜻이라서 중간에 오는 동사를 수여동사라고도 부릅니다. **give**, **buy**, **send**, **show**, **teach**와 같이 '~에게 …을 (해)준다'라는 뜻의 동사가 수여동사에 해당됩니다.

예 I gave Phillip a new shirt.
주어 동사 간목 직목
난 필립에게 새로운 셔츠를 줬어요.

He will buy his sister a new purse.
주어 동사 간목 직목
그는 그의 누나에게 새 지갑을 사 줄 거예요.

5형식 문장은 주어와 동사 그리고 목적어가 이어진 다음에 그 목적어의 상태를 설명하는 목적격 보어가 이어지는 경우입니다. 그래서 **make**(~로 만들다), **call**(~라고 부르다), **keep**(~인 상태로 두다), **find**(~라고 여기다)와 같은 동사가 주로 쓰이죠.

예 He makes me laugh.
주어 동사 목적어 보어
그는 나를 웃게 만들어요.

You can call me Diane.
주어 동사 목적어 보어
당신은 나를 다이안이라고 불러도 좋습니다.

MP3와 저자 강의를 들어 보세요

DAY 001~010

1, 2인칭 주어의 be동사

~입니다, ~인가요?

Diane Hi, **I am** Diane Lee. **Are you** John Kim?

John Yes, **I am**. Nice to meet you.
You are an English educator, right?

Diane Yes, **I am**. **I am** glad to meet you too.

Diane 안녕하세요. 저는 다이앤 리예요. 당신이 존 김 인가요? **John** 네, 그렇습니다. 만나서 반갑습니다. 당신은 영어 교육가이죠, 맞나요? **Diane** 네, 맞아요. 저도 만나 뵙게 되어서 기쁩니다.

회화에서 뽑은 문법

I am, You are에서 am과 are는 각각 **be동사**라고 하는데요, 우리말로 '~이다'에 해당합니다. 주어 다음에 주어에 맞는 be동사를 말하고(I am, You are) 이어서 이름, 직업, 신분, 상태, 기분, 위치 등의 단어를 말하면 됩니다. **I am은 I'm으로, You are는 You're** 처럼 짧게 붙여 말할 수 있습니다. you는 '너', '당신', '여러분'의 뜻으로 다 쓰일 수 있습니다.

- **I'm** Diane.
  저는 다이앤이에요.
- **I'm** an English educator.
  저는 영어 교육가입니다.
- **I'm** glad to be here.
  여기 오게 되어서 기쁩니다.
- **You're** John Kim.
  당신은 존 김이군요.
- **You're** a marketer.
  당신은 마케터군요.
- **You're** tall!
  당신은 키가 크군요!

Review Quiz

1 빈칸에 알맞은 be동사를 넣어 문장을 완성하세요.

A Hello. I ________ Jane Martin.
안녕하세요. 저는 제인 마틴이에요.

I ________ a singer.
저는 가수예요.

B Oh, you ________ Jane Martin!
오, 당신이 제인 마틴이군요!

Nice to meet you! I ________ your big fan!
만나서 반갑습니다! 전 당신의 열렬한 팬이에요!

A Thank you. You ________ so kind.
감사합니다. 당신은 정말 친절하군요.

2 괄호 안에서 알맞은 be동사를 골라 문장을 완성하세요.

A I (is / am / are) Kelly Jackson.
저는 켈리 잭슨이에요.

(Are / Is / Am) you Sandy Lee?
당신이 샌디 리인가요?

B Yes, I (is / am / are) Sandy. Nice to meet you!
네, 제가 샌디예요. 만나 뵙게 되어서 반갑습니다!

A I (are / is / am) very glad to meet you too.
저도 만나 뵙게 되어서 정말 반갑습니다.

정답 1. am / am / are / am / are
2. am / Are / am / am

1, 2인칭 주어의 be동사 부정문

~가 아니에요

Anna Are you a student here?

Chris No, **I'm not**. I'm a teacher.

How about you? Are you also a teacher?

Anna No, **I'm not**. I'm just a visitor.

Anna 당신은 이곳의 학생인가요? **Chris** 아니요, 저는 교사예요. 그쪽은요? 당신도 교사인가요? **Anna** 아니요. 저는 그저 방문객이에요.

회화에서 뽑은 문법

나(I) 또는 상대방(you)에 대해서 '~가 아니다'라고 말할 때는 be동사(am, are) 다음에 not을 붙여서 표현합니다. I am not이나 You are not 다음에 지금의 상태, 기분 등을 뜻하는 형용사를 이어서 '~한 상태인 것은 아니다'라고 표현할 수 있고, 이름이나 신분을 가리키는 명사를 이어서 '~가 아니다'라고도 표현할 수 있습니다. **You are not은 You aren't 또는 You're not**으로 줄여서 말할 수 있습니다. 그러나 I am not의 경우, am not은 줄일 수 없고 I am을 줄인 I'm 다음에 not을 붙여 I'm not이라고 합니다.

- **I'm not** Chris.
  난 크리스가 아니에요.
- **I'm not** busy.
  난 바쁘지 않아요.
- **I'm not** happy.
  난 행복하지 않아요.
- **You're not** a teacher.
  당신은 선생님이 아니군요.
- **You're not** alone.
  당신은 혼자가 아니에요.
- **You're not** hungry.
  당신은 배가 고프지 않군요.

Review Quiz

1 다음 문장을 해석에 맞게 긍정문과 부정문으로 만들어 보세요.

______ tall. ______ short.
나는 키가 커요. 키가 작지 않아요.

______ a student. ______ a teacher.
나는 학생이에요. 선생님이 아니에요.

______ fast. ______ slow.
당신은 빠르군요. 느리지 않아요.

______ in your room. ______ in the living room.
당신은 당신의 방에 있군요. 거실에 있지 않아요.

2 밑줄 친 부분을 줄여서 말해 보세요.

A I am not hungry. Actually, I am full.
난 배고프지 않아요. 사실, 난 배가 부르거든요.

B I know you are not hungry, but you are thirsty, right?
당신이 배고프지 않은 건 알아요, 하지만 목은 마르죠, 그렇죠?

A You are not Brad Pitt, right? You are not an actor.
당신은 브래드 피트가 아니군요, 맞죠? 당신은 배우가 아니에요.

B No, I am not Brad Pitt. I am not an actor either.
아니에요, 난 브래드 피트가 아니에요. 배우도 아니죠.

thirsty 목마른

정답 1. I'm / I'm not / I'm / I'm not / You're / You're not(You aren't) / You're / You're not(You aren't)
2. I'm not / I'm / you're not(you aren't) / you're / You're / aren't / I'm not / I'm not

3인칭 주어의 be동사와 소유격

~입니다, ~의 것이에요

Amy **This is** Jane Kim. **She is** a fashion blogger.

Jina I know Jane. **Her blog is** super popular!

Amy Oh, really? **Her husband's name is** Henry.

Jina And **he is** a singer!

Amy 이 사람은 제인 김이야. 그녀는 패션 블로거야. **Jina** 나 제인 알아. 그녀의 블로그는 무척 인기 있거든! **Amy** 오, 진짜? 그녀 남편 이름은 헨리인데. **Jina** 그리고 그는 가수이지!

회화에서 뽑은 문법

제3자인 사람(he, she, John, her friend...)의 신분, 상태, 기분, 위치 등이 '~이다', '~에 있다'라고 말할 때 be동사 is로 연결합니다. 상황이나 사물에 대해서 표현할 때는 **it is** 나 **this is**를 사용하는데, this는 가까이에 있는 사람이나 사물을 가리킬 때 사용합니다. it is는 줄여서 it's라고 표현하지만 this is는 줄일 수 없습니다. 또 그 사람이 가지고 있는 관계, 상황, 사물 등을 말할 때는 **소유격**(my, your, his, her, its)을 써서 '~의 무엇'으로 표현합니다. 특정 사람이나 사물, 동물 등의 이름이나 명칭을 써서 소유격을 만들 때는 뒤에 **'s**를 붙입니다.

- **He is** Mr. Chang.
  그는 미스터 장이에요.
- **She is** 34 years old.
  그녀는 34살입니다.
- **This is my** new house.
  이것은 나의 새집이에요.
- **It is Jane's** book.
  그건 제인의 책이에요.
- **His name is** John.
  그의 이름은 존이에요.
- **Her career is** very successful.
  그녀의 경력은 대단히 성공적입니다.
- **Its roof is** too old.
  그것의 지붕은 너무 낡았죠.
- the **book's** title
  그 책의 제목

Review Quiz

1 빈칸에 알맞은 be동사를 넣어 문장을 완성하세요.

A This ________ my sister Jane.
얘는 내 동생 제인이야.

She ________ a teacher.
그녀는 선생님이야.

B Nice to meet you.
만나서 반가워.

I heard teaching is a hard work.
가르치는 건 힘든 일이라고 들었어.

C It ________, but teaching is a rewarding job.
맞아요, 하지만 가르치는 일은 보람 있는 일이죠.

2 괄호 안에 주어진 단어를 소유격 형태로 바꿔 문장을 완성하세요.

________ husband is a soccer player. (She)
그녀의 남편은 축구 선수입니다.

________ team is very popular. (He)
그의 팀은 아주 인기 있습니다.

____________ name is Black Tigers. (His team)
그의 팀 이름은 Black Tigers입니다.

________ homepage is a very popular web site. (It)
그것의 홈페이지는 매우 인기 있는 웹사이트입니다.

단어
rewarding 보람 있는

정답 1. is / is / is
2. Her / His / His team's / Its

3인칭 주어의 be동사 부정문

~가 아니에요

Liam Is this phone yours?

Ava No, **it's not**. It's my sister's.

Liam Is she at home now?

Ava No, **she isn't**. She is at school.

Liam 이 전화 네 거야? **Ava** 아니, 이건 내 여동생 거야. **Liam** 여동생 지금 집에 있어? **Ava** 아니, 집에 없어. 학교에 있어.

회화에서 뽑은 문법

3인칭 주어에 대해서 '~이지 않다'라고 표현할 때는 **be동사 is 뒤에 not**을 붙입니다. 이때 is not은 isn't로 줄일 수 있죠. 그러나 가까이에 있는 사람이나 사물을 가리킬 때 사용하는 this is의 경우는 this와 is를 줄일 수 없고 is와 not을 줄여서 this isn't로 표현해야 합니다. 참고로, 가까이가 아닌 조금 멀리 떨어져 있는 사물이나 사람을 가리킬 때는 this가 아닌 that으로 말합니다.

축약형 살펴보기

- He is not → He**'s not** / He **isn't**
- She is not → She**'s not** / She **isn't**
- John is not → John**'s not** / John **isn't**
- It is not → It**'s not** / It **isn't**
- That is not → That**'s not** / That **isn't**
- This is not → This **isn't** / *This's not (X)*

Review Quiz

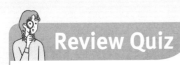

1 빈칸에 is 또는 is not을 넣어 문장을 완성하세요.

This man ________ my father. He is my uncle.
이분은 나의 아버지가 아닙니다. 나의 삼촌입니다.

He ________ an engineer. He is not a doctor.
그는 엔지니어입니다. 의사가 아닙니다.

She is his wife. She ________ his sister.
그녀는 그의 아내입니다. 그녀는 그의 여동생이 아닙니다.

She is Korean. She ________ American.
그녀는 한국인입니다. 미국인이 아닙니다.

2 밑줄 친 부분을 줄여서 말해 보세요.

It is not very cold today. It is spring already!
오늘은 그다지 춥지 않아요. 벌써 봄이에요!

Jane is very shy. She is not an outgoing person.
제인은 수줍음이 많아요. 그녀는 외향적인 사람이 아니에요.

John is quiet. He is not talkative.
존은 조용합니다. 그는 말이 그렇게 많지 않아요.

That building is tall. It is not short.
저 건물은 높아요. 그것은 낮지 않군요.

outgoing 외향적인

정답 1. is not / is / is not / is not
2. It's not(It isn't) / She's not(She isn't) / He's not(He isn't) / It's not(It isn't)

1, 2, 3인칭 의문문

~인가요?, ~가 맞나요?

Peter Excuse me, **are you** John?

John Yes, I am. I'm John. **Are you** Sam?

Peter No, I'm not Sam. I'm Peter. Sam is not here.

John I see. **Is he** okay?

Peter Yes, he is. He is just a little sick today.

Peter 실례합니다, 당신이 존인가요? **John** 네, 그렇습니다. 제가 존입니다. 당신이 샘인가요? **Peter** 아니요, 전 샘이 아닙니다. 전 피터에요. 샘은 여기 없습니다. **John** 그렇군요. 그는 괜찮은 건가요? **Peter** 네, 그럼요. 그냥 오늘 약간 아플 뿐이에요.

회화에서 뽑은 문법

사람이나 사물의 신분, 상태, 기분, 위치 등에 대해서 짐작한 것이 맞는지 물을 때에는 어떻게 표현할까요? 이때에는 be동사와 주어의 위치를 바꾸어 'be동사+주어'의 순서로 묻는 말을 만듭니다. 이에 '그렇다(yes)' 또는 '아니다(no)' 등으로 대답할 수 있습니다. Yes 또는 No 뒤에는 주어의 대명사(I, you, he, she, it...)와 동사를 이어 말하는데, No의 경우 be동사 뒤에 not을 붙여 답합니다.

- You are John. → 의문문 **Are you** John? 당신이 존인가요?
  너는 존이다. 대답 **Yes**, **I am**. 네, 그런데요.
- Jane is smart. → 의문문 **Is Jane** smart? 제인은 똑똑한가요?
  제인은 똑똑하다. 대답 **Yes**, she **is**. 네, 그럼요.
- He is okay. → 의문문 **Is he** okay? 그는 괜찮은가요?
  그는 괜찮다. 대답 **No**, he **isn't**. 아니요, 안 괜찮아요.

Review Quiz

1 **괄호 안에 주어진 표현을 참고해서 문장을 완성하세요.**

A ______________________? (a doctor)
당신은 의사인가요?

B No, I'm not a doctor. I'm a nurse.
아니요, 저는 의사가 아니에요. 저는 간호사입니다.

A ______________________? (a basketball player)
그는 농구 선수인가요?

B Yes, he is a basketball player. He is very popular.
네, 그는 농구 선수입니다. 그는 아주 인기가 많아요.

2 **다음 질문에 맞는 답변을 보기에서 고르세요.**

a. Is your daughter married? ______
당신의 딸은 결혼했나요?

b. Am I the only girl in this class? ______
제가 이 반에서 유일한 여학생인가요?

c. Are you nervous now? ______
당신은 지금 긴장되나요?

보기
① No, I'm not. I'm ready.
아니에요, 그렇지 않아요. 저는 준비되어 있습니다.
② No, you're not. You're one of the two girls.
아니에요. 당신은 두 명의 여학생 중 한 명이에요.
③ No, she isn't. She is still single.
아니에요. 그녀는 아직 미혼이에요.

단어
popluar 인기 많은 married 결혼한 nervous 긴장한, 초조한

정답 1. Are you a doctor? / Is he a basketball player?
2. a - ③ / b - ② / c - ①

복수 주어와 be동사

~들은 …입니다

Sam Do you know Peter?

Henry Oh, yes. **Peter and I are** close friends.
We have known each other for a long time.

Sam Are these your cats? **They are** so cute.

Henry Thanks. **Their names are** Sonny and Jinny.

Sam 너 피터를 알아? **Henry** 오, 그럼. 피터랑 나는 가까운 친구 사이야. 우리는 오랫동안 알고 지냈어. **Sam** 이 고양이들 네 고양이야? 너무 귀엽다. **Henry** 고마워. 그들의 이름은 쏘니와 지니야.

회화에서 뽑은 문법

둘 이상의 사람이나 사물의 신분, 상태, 기분, 위치 등에 대해서 말할 때 명사의 형태와 be동사의 형태가 달라집니다. 하나일 경우는 명사 앞에 a 또는 an을 붙여 주고(a dog, an egg), 여럿이라면 명사 뒤에 -s나 -es를 붙이죠(dogs, eggs). 호칭이나 이름 중간에 and를 넣어 길게 이어서 말하기도 하고(John and Jane) 대명사로 '우리'는 we, '그들', '그것들'은 they로 나타내기도 하죠. **주어가 이렇게 여럿을 나타내면 be동사는 are**를 씁니다. 문장 안에서 주어가 복수형이면 보어 자리에 오는 명사도 복수형으로 써야 합니다.

- **These are dogs.**
  이것들은 개들이죠.
- **They are** all my **pets.**
  그들은 모두 나의 반려동물들이에요.
- **Those are** my **shoes.**
  저것들은 제 신발들이에요.
- **We are students.**
  우리들은 학생이에요.
- **Peter and Paul are** my **friends.**
  피터와 폴은 내 친구들이에요.
- **They are** all **running shoes.**
  그것들은 모두 운동화예요.

Review Quiz

1 빈칸에 알맞은 be동사를 넣어 문장을 완성하세요.

I ______ a computer programmer.
저는 컴퓨터 프로그래머입니다.

Jane ______ a web designer.
제인은 웹디자이너입니다.

She and I ______ best friends.
그녀와 나는 가장 친한 친구입니다.

We ______ like sisters.
우리는 자매 같은 사이예요.

2 괄호 안에서 알맞은 be동사를 골라 문장을 완성하세요.

John (is / are) a student. Sam (is / are) his classmate.
존은 학생입니다. 샘은 그의 반 친구입니다.

They (is / are) tired from studying these days.
그들은 요즘 공부하느라 피곤합니다.

You (is / are) a wonderful cook.
당신은 훌륭한 요리사입니다.

Your brother (is / are) a famous cartoonist.
당신의 동생은 유명한 만화가입니다.

You (is / are) very successful professionals.
당신들은 아주 성공한 전문가들입니다.

like ~같은, ~와 비슷한, ~처럼 professional 전문가, 전문직 종사자

정답 1. am / is / are / are
2. is / is / are / are / is / are

복수 주어의 be동사 부정문과 의문문

~들은 …가 아니에요, ~들은 …인가요?

Kevin **Are they** friends?

Grace No, **they aren't** friends.

Kevin Then **are they** brothers?

Grace No, **they aren't** brothers.

Kevin 그들은 친구 사이인가요? **Grace** 아니요, 친구 사이는 아니에요. **Kevin** 그럼 형제들인가요? **Grace** 아니요, 형제도 아니에요.

회화에서 뽑은 문법

여러 사람이나 사물들의 상황, 상태에 대해서 '~가 아니다'라고 부정할 때 be동사인 are 뒤에 not을 붙입니다. 이때 **are not을 줄여서 aren't**라고 하거나 주어와 are를 줄이기도 하죠. 하지만 '그렇지 않다', '그런 것이 아니다'라고 강조해서 부정하려면 not을 줄이지 않고 따로 말합니다. '~인가요?'라고 물어보는 의문문은 **'Are+주어 ~?'**로 만들죠. 또 '~ 아닌가요?'라고 물어보는 의문문은 **'Aren't+주어 ~?'**로 시작합니다. 이렇게 부정으로 묻더라도 대답의 내용이 긍정이면 yes, 부정이면 no라고 답합니다.

- **Are you** hungry?
  여러분은 배가 고픈가요?
  ↳ **No, we're not** hungry.
  아니요, 우리는 배고프지 않아요.
- **Are you** Jane's friend?
  넌 제인의 친구니?
  ↳ **No, I'm not.**
  아니요, 아닙니다.
- **Aren't you and Jane** friends?
  너와 제인은 친구 사이가 아니니?
  ↳ **Yes, Jane and I are** friends.
  맞아요, 제인과 저는 친구 사이예요.
- **Aren't they** your dogs?
  쟤들은 너의 강아지들이 아니니?
  ↳ **No, they aren't.**
  아니요, 아닙니다.

Review Quiz

1 괄호 안에서 알맞은 표현을 골라 문장을 완성하세요.

Violence is terrible. We (are / are not) against violence.
폭력은 끔찍합니다. 우리는 폭력에 반대합니다.

Jack and Jane live in different cities. They (are /are not) neighbors.
잭과 제인은 다른 도시에 살아요. 그들은 이웃이 아니에요.

You and your sister don't like water. You (are / are not) very good swimmers.
당신과 당신의 동생은 물을 좋아하지 않아요. 당신들은 수영을 그리 잘 하지 못하죠.

2 다음 질문에 맞는 답변을 보기에서 고르세요.

a. Are you happy with that price? ------------
그 가격에 만족하세요?

b. Are Susan and Sam friends? ------------
수잔과 샘은 친구인가요?

c. Are we the first comers? ------------
우리가 맨 처음 온 사람들인 건가요?

보기
① No, they're not. They are not close to each other.
아니요. 그들은 그렇지 않아요. 그들은 서로 친하지 않아요.
② Yes, you are. You can have the best seats.
네, 그래요. 가장 좋은 자리를 택할 수 있어요.
③ No, we are not. It is too high.
아니요, 우린 그렇지 않아요. 그건(가격이) 너무 높아요.

단어
violence 폭력, 폭행　terrible 끔찍한, 소름끼치는　against ~에 반대하여　be happy with ~에 만족하는

정답 1. are / are not / are not
2. a - ③ / b - ① / c - ②

요일 · 날짜 · 시간 · 날씨 · 거리 표현하기

~가 …입니다

Eva What's the date today?

Claire **It's** Friday, March 12th.

And now **it's** already 2:30.

Eva **It's** raining outside!

Claire What? Do you have an umbrella?

Eva 오늘 며칠이지? **Claire** 오늘은 3월 12일, 금요일이야. 그리고 지금 벌써 두 시 반이네.
Eva 밖에 비가 오고 있어! **Claire** 뭐라고? 너 우산 있어?

회화에서 뽑은 문법

it으로 요일, 날짜, 시간, 날씨, 거리 등을 표현할 수 있습니다. 날짜를 말할 땐 보통 **요일, 월, 날짜 순서로** 말하죠. 이때 날짜는 **'~번째'**로 표현합니다. 시간을 말할 땐 it's 다음에 시간과 분을 가리키는 숫자를 이어 말합니다. 날씨는 it's 다음에 sunny, cold, warm, windy 등 날씨 상태를 나타내는 단어를 이어 말하죠. 거리는 How far is it from here to ~?(여기에서 ~까지 얼마나 먼가요?)라는 질문에 답할 수 있는 표현인데, 뒤에 거리를 넣어서 표현하면 됩니다. '~가 있다'라고 할 때는 it 말고 **There is/are ~**를 씁니다. 사물이나 개념 등에 고루 쓰이니 알아 두면 좋습니다.

- **It's** Monday, June 6th.
  오늘은 6월 6일, 월요일이에요.
- **It's** two-thirty p.m.
  지금은 오후 2시 30분입니다.
- **It's** about 400 km.
  거리가 400킬로미터 정도 됩니다.
- **It's** sunny today.
  오늘 날씨가 화창하네요.
- **There is** a chair.
  의자가 하나 있네요.
- **There are** problems.
  문제들이 있어요.

Review Quiz

1 괄호 안에서 알맞은 표현을 골라 문장을 완성하세요.

(It's / There's) a coat. Put it on.
코트가 있네요. 입으세요.

(It's / There's) New Year's Eve today.
오늘은 새해 전날이에요.

(It's / There's) really nice and warm. Let's go out for a walk.
날이 아주 화창하고 따뜻해요. 산책하러 나가요.

No, (it's / there's) not warm yet. (It's / There's) still cold.
아니에요, 아직 따뜻하진 않아요. 날이 아직 추운걸요.

2 보기에서 알맞은 표현을 골라 문장을 완성하세요.

보기 it's / there's

I live near here. ________ about 2 km from here.
전 여기서 가까이 살아요. 여기서부터 약 2킬로미터 거리에 있죠.

I hate summer. ________ too hot and very sweaty.
나는 여름이 싫어요. 너무 덥고 땀이 많이 나요.

I am hungry but ________ no food in the refrigerator.
나는 배가 고픈데 냉장고에 음식이 없어요.

Look. ________ time for lunch. Let's go eat something.
보세요. 점심시간이에요. 가서 뭐 좀 먹읍시다.

단어
sweaty 땀에 젖은 refrigerator 냉장고

정답 1. There's / It's / it's / it's, It's
2. It's / It's / there's / It's

요일 · 날짜 · 시간 · 날씨 · 거리의 부정문과 의문문

~가 아니에요, ~가 …인가요?

Luna **Is it** Monday today?

Aiden No, **it's not** Monday today. **It's** Tuesday.

Luna **Is it** hot today?

Aiden No, **it's not** that hot today.

Luna 오늘이 월요일인가요? **Aiden** 아니요, 오늘은 월요일이 아니에요. 오늘은 화요일이에요.
Luna 오늘 더운가요? **Aiden** 아니요, 그렇게 많이 덥진 않아요.

회화에서 뽑은 문법

요일, 날짜, 시간, 날씨, 거리 등에 대해서 '~가 아니다'라고 할 때는 **it's 또는 it is 다음에 not**을 이어 말합니다. 또 '~가 …인가요?'라고 묻는 **의문문은 Is it ~?**으로 시작해서 만듭니다. 지금 또는 오늘의 요일, 날짜, 시간, 거리 등이 맞는지 확인하고자 할 때('오늘이 ~요일 맞나요?', '지금이 ~시 맞아요?') 끝에 now 또는 today를 붙여 물을 수 있습니다. 이에 '그렇다'고 답하려면 Yes, it is, '아니다'라고 하려면 No, it isn't 또는 it's not ~이라고 하면 됩니다. 또한 문장 뒤에 yet(아직)이나 still(여전히), already(벌써) 등을 붙여서 의미를 추가할 수도 있습니다.

- **Is it** five already?
  벌써 5시인가요?
  ↳ **No, it's not** five yet.
  아니요, 아직 5시는 아닙니다.
- **Is it** September?
  지금이 9월인가요?
  ↳ **No, it isn't. It's** still August.
  아니요, 아닙니다. 아직 8월이에요.
- **Is it** still hot?
  여전히 더운가요?
  ↳ **Yes, it's** still hot.
  네, 여전히 더워요.
- **Is it** far from here?
  여기서 먼가요?
  ↳ **Yes, it's** far.
  네, 멀어요.

Review Quiz

1 **괄호 안에서 알맞은 표현을 골라 문장을 완성하세요.**

It's December, but (there is not / it's not) very cold.
12월이지만 그리 춥지 않아요.

(It's / It's not) Tuesday today. It's Monday.
오늘은 화요일이 아니에요. 오늘은 월요일이에요.

I walk to school because (it's / it's not) far from my house.
집에서 그다지 멀지 않기 때문에 전 학교에 걸어 다녀요.

2 **빈칸에 알맞은 표현을 넣어 질문을 완성하세요.**

A ________ it cold today?
오늘 추운가요?

B Yes, it's really cold.
네, 정말 추워요.

I hate cold weather!
난 추운 날씨는 너무 싫어요!

A Is ________ Tuesday today?
오늘 화요일인가요?

B No, ________ Tuesday.
아니요, 오늘 화요일이 아니에요.

It's Monday. I hate Mondays!
오늘은 월요일이에요. 월요일은 너무 싫어요!

far from ~에서 먼

정답 1. it's not / It's not / it's not
2. Is / it / it's not

상태 · 모양 등을 나타내는 형용사

(상태, 모양 등이) ~해요

Dave Do you know Helen?

Clara Sure. She is an **old** friend.

She is very **smart** and **sweet**.

We grew up together in a **small** town.

Dave 헬렌을 알아요? **Clara** 그럼요. 그녀는 오랜 친구거든요. 그녀는 아주 똑똑하고 다정해요. 우린 작은 마을에서 같이 자랐어요.

회화에서 뽑은 문법

'~이 어떠하다'라는 뜻으로 상태나 모양을 말할 때 be동사 뒤에 그러한 뜻을 나타내는 형용사를 이어 말하면 됩니다. 이런 형용사는 여러 개가 이어져 쓰이기도 합니다. 상태나 감정 등을 나타내는 형용사는 **명사의 앞에** 올 수도 있고 명사와 떨어져 **be동사 다음에 보어로서** 올 수도 있답니다.

- That house **is big.**
  저 집은 크네요. (be동사 + 형용사)
- That's a **big house**.
  저건 커다란 집입니다. (형용사 + 명사)
- He **is handsome** and **kind**.
  그는 잘생겼고 친절하네요. (be동사 + 형용사)
- A **big fat cat** is on a **small cozy chair**.
  크고 살찐 고양이가 작고 포근한 의자 위에 있어요. (형용사 + 형용사 + 명사)

Review Quiz

1 **괄호 안에 주어진 형용사를 넣어 문장을 완성하세요.**

My grandmother is 70 years ________ but she still looks ________. (young / old)

우리 할머니는 70세이지만 아직도 젊어 보이신다.

________ people try to look on the ________ side of things. (happy / bright)

행복한 사람들은 상황의 밝은 면을 보려고 노력한다.

Eating ________ food is very ________ for health. (important / healthy)

건강에 좋은 음식을 먹는 것이 건강에 매우 중요하다.

2 **보기에서 알맞은 형용사를 골라 대화를 완성하세요.**

보기 enough / new / warm / sad

A You look so ________. What's wrong?

너 너무 슬퍼 보여. 무슨 일이야?

B My ________ cell phone is missing.

내 새 휴대폰이 없어졌어.

A How can I get ________ sleep at night?

어떻게 하면 밤에 충분한 잠을 잘 수 있을까?

B Drink some ________ milk before bedtime.

잠자리에 들기 전에 따뜻한 우유를 좀 마셔 봐.

단어
look ~하게 보이다 bright 밝은 missing 없어진, 잃어버린

정답 1. old / young / Happy / bright / healthy / important
2. sad / new / enough / warm

MP3와 저자 강의를 들어 보세요

DAY 011~020

ingL나 ed로 끝나는 형용사들

(상태, 느낌, 감정 등이) ~해요

Dana I'm **interested** in jazz.
But this song is so **boring**.

Jacob I'm watching a movie.
This new movie is quite **exciting** and **entertaining**.

Dana 난 재즈에 관심이 있어. 하지만 이 노래는 너무 지루하네. **Jacob** 난 영화를 보는 중이야. 이 새 영화는 아주 신나고 즐거워.

회화에서 뽑은 문법

상태, 느낌, 감정 등을 나타내는 형용사 중에는 -ed나 -ing로 끝나는 단어들이 꽤 많은데, 이 두 가지가 헷갈리기 쉽습니다. 단어의 끝이 **-ed로 끝나는 형용사는 주로 사람의 감정이나 느낌**을 말하는 경우에 쓰이죠. 그래서 be동사 외에 feel(~라고 느끼다), get(~하게 되다), look(~해 보이다) 등의 동사와도 같이 쓰일 수 있습니다. 반면 **-ing로 끝나면 그 사람이나 사물의 성격, 성질 등**을 주로 나타냅니다. '~하게 만드는'이란 뜻으로 해석됩니다.

-ed와 -ing 확실히 구분하기

- I am **bored**.
  나는 지루함을 느껴요.
- I am **interested**.
  나는 흥미를 느껴요.
- I feel **disgusted**.
  나는 역겨움을 느껴요.

- It's **boring**.
  그건 지루함을 주는군요.
- It's **interesting**.
  그건 흥미롭군요.
- It's **disgusting**.
  그건 역겹군요.

Review Quiz

1 괄호 안에서 알맞은 표현을 골라 문장을 완성하세요.

I am really (exciting / excited) about the trip to Europe.
나는 유럽 여행 갈 생각에 정말 신이 나요.

I like (exciting / excited) action movies.
나는 신나는 액션 영화를 좋아해요.

His new movie is very (disappointing / disappointed).
그의 새 영화는 정말 실망스러워요.

I am (disappointing / disappointed) with my test result.
나는 내 시험 결과에 실망했어요.

2 밑줄 친 부분 중 틀린 곳을 찾아 바르게 고치세요.

I can't believe this <u>surprising</u> change.
나는 이 놀라운 변화를 믿을 수가 없다.

I am <u>satisfying</u> with my new cell phone.
나는 내 새 휴대폰에 만족한다.

This book is very thick and <u>bored</u>.
이 책은 정말 두껍고 지루하다.

We need an <u>experienced</u> manager.
우리는 경험 많은 관리자가 필요하다.

excite 흥미를 일으키다 disappoint 실망시키다 surprise 놀라게 하다 satisfy 만족시키다

정답 1. excited / exciting / disappointing / disappointed
2. satisfying → satisfied / bored → boring

위치나 방향을 나타내는 전치사

~에, ~로, ~위에, ~아래에, ~로부터

Mom Chris, where are you?

Son I am **in** my room now.

Mom Where is your dad?

Son He is **in** the kitchen.

Mom 크리스, 너 어디 있니? **Son** 저 지금 제 방 안에 있어요. **Mom** 아빠는 어디 계시니? **Son** 아빠는 부엌에 계시죠.

회화에서 뽑은 문법

전치사는 우리말의 '~에(in, at, on)', '~로(to)', '~위에(up)', '~아래에(down)', '~로부터(from)', '~와 함께(with)' 등에 해당하는 기능을 하는 단어들이죠. 주로 사람이나 물건의 **위치나 방향**을 나타낼 때 쓰이지만 **동사나 형용사와 함께** 쓰이기도 합니다. 특히 시간을 말할 때 시간 앞에 at을, 정해진 기간을 말할 때는 during을 씁니다. 그리고 월 앞에는 in, 날짜와 요일을 말할 때는 on을 씁니다.

- Please get **in** the car.
  차 안으로 들어가세요(차에 타세요).
- We open **at** 10 a.m.
  우리는 오전 10시에 문을 열어요.
- Let's meet **on** Wednesday.
  우리 수요일에 만나요.
- Please come **during** the lunchtime.
  점심시간 동안에 와 주세요.
- Climb **up** the ladder.
  사다리를 타고 위로 올라가세요.
- Go **down** the stairs.
  계단을 따라 아래층으로 가세요.
- I live **with** my brother.
  나는 오빠와 함께 살고 있어요.
- Let's go **to** that new restaurant.
  우리 그 새 식당에 갑시다.

Review Quiz

1 **괄호 안에서 알맞은 전치사를 골라 문장을 완성하세요.**

She is always at home (in / on / at) Sundays.
그녀는 일요일에는 항상 집에 있다.

There is no TV (in / on / at) the living room.
거실에 TV가 없다.

There is a bench (among / between / in) the tree and the house.
나무와 집 사이에 벤치가 있다.

Let's get some rest (in / down / under) the big maple tree.
저 큰 단풍나무 아래에서 쉽시다.

2 **보기에서 알맞은 전치사를 골라 문장을 완성하세요.**

보기 during / at / with / on

Most schools begin ________ 9 a.m.
대부분의 학교는 오전 9시에 시작한다.

There is a plant pot ________ my desk.
내 책상 위에 화분이 하나 있다.

I like playing soccer ________ my friends.
나는 친구들과 축구하는 것을 좋아한다.

I want to read many books ________ the vacation.
나는 방학 동안에 많은 책을 읽고 싶다.

단어
maple tree 단풍나무 begin 시작하다 plant pot 화분 vacation 방학

정답 1. on / in / between / under
2. at / on / with / during

주요 접속사 and, but, so 등

그리고, 그러나, 그래서...

Rena Kelly **and** I play golf **but** I'm not good at it.
So, I decided to take lessons.

Jack I want to take lessons too!
But I don't have time.

Rena 켈리와 저는 골프를 치는데 저는 잘하지는 못해요. 그래서 레슨을 받기로 했어요. **Jack** 저도 레슨 받고 싶네요! 하지만 저는 시간이 없답니다.

회화에서 뽑은 문법

접속사는 '그리고', '그러나', '그래서'처럼 단어와 단어, 구와 구, 또는 문장들을 서로 연결해 주는 단어나 구를 말합니다. 여러 가지를 나열할 때는 **and**(그리고)를 사용하고, 대조되는 내용을 말할 때는 **but**(그러나), 원인과 결과를 말할 때는 **because**(이유는 ~이기 때문에), **so**(그래서)를 주로 씁니다.

- I bought a book **and** a pen for you.
  너를 위해서(주려고) 책과 펜을 샀어.
- I got sick **because** I ran in the rain on Sunday.
  일요일에 빗속에서 달렸기 때문에 병이 났어요.
- Would you like coffee **or** tea?
  커피나 차를 드시겠어요?
- Can I see you **before** you leave?
  당신이 떠나기 전에 볼 수 있을까요?
- The pool will be open **until** the sun sets.
  수영장은 해가 질 때까지 개장할 겁니다.
- **While** you were sleeping I went shopping.
  당신이 잠든 사이에 난 쇼핑을 다녀왔어요.

Review Quiz

1 괄호 안에서 알맞은 접속사를 골라 문장을 완성하세요.

We have to eat plenty of fruit (and / but / so) vegetables.
우리는 과일과 채소를 많이 먹어야 한다.

It is raining now (and / but / or) I don't have an umbrella.
지금 비가 오지만 나는 우산이 없다.

I exercise two (and / but / or) three times a week.
나는 일주일에 두 번 또는 세 번 정도 운동한다.

I live near my company (but / so / or) I walk home.
나는 우리 회사 근처에 살아서 집까지 걸어간다.

2 보기에서 알맞은 접속사를 골라 문장을 완성하세요.

보기 before / until / so / because

I can't sleep ________ some people play loud music.
어떤 사람들이 시끄러운 음악을 틀어서 나는 잠을 잘 수가 없다.

My puppies wait for me ________ I come home.
내가 집에 올 때까지 우리 강아지들은 나를 기다린다.

He was a hard worker ________ he became a successful businessman.
그는 매우 열심히 노력하는 사람이어서 성공한 사업가가 되었다.

Please try the soup ________ it gets cold.
식기 전에 그 수프를 드셔 보세요.

단어
plenty of 많은 exercise 운동하다 loud 시끄러운 successful 성공한

정답 1. and / but / or / so
2. because / until / so / before

1, 2인칭 주어와 일반동사

~가 …해요

Harry What do you do when you have free time?

Julia I **dance** and **sing**. I'm a good singer.

Harry I **dance** too. I'm a hip-hop dancer.

Harry 시간이 날 때 주로 뭘 하나요? **Julia** 저는 춤추고 노래해요. 전 노래를 잘 불러요.
Harry 저도 춤을 춰요. 저는 힙합 댄서예요.

회화에서 뽑은 문법

주어가 하는 행동을 의미하는 동사를 일반동사라고 합니다. 신분, 상태, 위치 등을 말할 때 쓰는 be동사와 대조되죠. 일반동사는 실제로 눈에 보이는 행동뿐 아니라 have(소유하다), think(생각하다), like(좋아하다) 등 추상적인 개념을 뜻하는 단어들도 포함됩니다. **명령문**으로 상대방에게 어떤 행동을 시킬 때는 **그 동사로 문장을 시작**하면 됩니다. 조금 공손히 말하려면 **please**를 붙이세요. 어떤 동사는 모양은 같아도 뜻이 다른 경우가 있습니다. look의 경우 '~를 보다'라는 뜻도 있고 '~처럼 보인다'라는 뜻도 있으니 주의하세요.

- My friends **live** near here.
  내 친구들은 여기 가까이에 살아요.
- They **teach** English.
  그들은 영어를 가르칩니다.
- We **work** on Sundays.
  우리는 일요일마다 일해요.
- He **likes** you.
  그는 너를 좋아해.
- **Stay**.
  그대로 (여기) 있어.
- **Please** stay.
  여기서 이대로 있어 주세요.
- **Look** at me!
  나를 봐!
- You **look** great.
  너 좋아 보인다.

Review Quiz

1 보기에서 알맞은 표현을 골라 대화를 완성하세요.

보기 need / look / know / work

A You ________ so tired. Are you OK?
너 너무 피곤해 보여. 괜찮아?

B I ________ overtime almost every day.
난 거의 매일 야근하고 있어.

A You ________ some rest.
휴식이 필요하네.

B I ________, but my company is so busy at this time.
나도 알아. 하지만 이맘때는 우리 회사가 너무 바빠.

2 괄호 안에서 알맞은 표현을 골라 문장을 완성하세요.

Mom You (have / spend) too much time on computers.
넌 컴퓨터 하는 데 시간을 너무 많이 써.

Son I only (play / use) games after doing my homework.
게임은 숙제한 이후에만 해요.

Mom I know, but you (want / need) some exercise.
알아. 하지만 넌 운동이 좀 필요해.

Son Don't worry, Mom. I (walk / come) to school.
걱정하지 마세요, 엄마. 전 걸어서 학교에 다녀요.

단어
overtime 초과 근무, 야근 company 회사

정답 1. look / work / need / know
2. spend / play / need / walk

1, 2인칭 주어의 일반동사 부정문

~는 …하지 않아요

Alan **I don't** play baseball.

Amy **You don't** play baseball but do you know the rules?

Alan Yes, I do. Would you like some beer?

Amy No, thanks. **I don't** like beer but I love wine.

Alan 난 야구를 못 해. **Amy** 야구를 하진 않지만 규칙은 알고 있니? **Alan** 응, 알아. 맥주 좀 줄까? **Amy** 괜찮아, 사양할게. 나는 맥주는 좋아하지 않지만, 와인은 아주 좋아해.

회화에서 뽑은 문법

주어가 I, you, we처럼 1, 2인칭일 때 일반동사를 '~하지 않는다'라고 부정하려면 **'주어+do not+일반동사'**로 말합니다. **do not은 줄여서 don't**로 힘을 주어 말하지만, 끝에 있는 t는 잘 들리지 않죠. 어떤 행동을 하지 말라고 할 때는 Don't(=Do not) 뒤에 동사 원형을 붙여 말합니다. 상대방에게 다소 강하게 말하려면 Don't you라고 시작하기도 합니다.

- I **don't** like cheese.
  난 치즈를 좋아하지 않아요.
- We **don't** live here.
  우리는 여기 살지 않아요.
- I **don't** work on weekends.
  주말에는 일하지 않아요.
- **Don't** come late.
  늦게 오지 마세요.
- **Don't** use your cell phone.
  휴대폰은 사용하지 마세요.
- **Don't you** lie to me!
  나한테 거짓말은 절대로 하지 마!

Review Quiz

1 다음 문장을 해석에 맞게 긍정 또는 부정형으로 만들어 보세요.

A I want to lose some weight.
나는 살을 좀 빼고 싶어.

So I ______ after 6 p.m. these days. (eat)
그래서 요즘에는 오후 6시 이후에는 먹지 않아.

B It's hard. I always ______ hungry late at night. (feel)
그건 어려워. 난 밤늦게 항상 배가 고프거든.

So I ______ to eat vegetables instead of meat. (try)
그래서 나는 고기 대신 채소를 먹으려고 노력해.

2 뒤에 이어지는 말을 보기에서 골라 문장을 완성해 보세요.

a. You want to sleep well at night, ______
당신은 밤에 잠을 잘 자고 싶어 합니다.

b. You are not vegetarian, ______
당신은 채식주의자가 아닙니다.

c. You have good eyesight, ______
당신은 시력이 좋습니다.

보기
① so you don't avoid red meat.
그래서 붉은색 육류를 피하지 않지요.
② so you don't drink coffee in the afternoon.
그래서 오후에 커피를 마시지 않습니다.
③ so you don't wear glasses.
그래서 안경을 쓰지 않습니다.

단어
lose weight 살을 빼다 instead of ~대신에 vegetarian 채식주의자 eyesight 시력

정답 1. don't eat / feel / try
2. a - ② / b - ① / c - ③

1, 2인칭 주어의 일반동사 의문문

~가 …한가요?

Bob **Do you** have any special plans for the weekend?

Ann No, I don't. **Do you**?

Bob Yes, I'm going to see a movie.
Do you like action films?

Ann Yes, I do. I love watching action films.

Bob 주말에 혹시 특별한 계획이 있으세요? **Ann** 아니요, 없어요. 당신은요? **Bob** 네, 영화 한 편 보러 가려고요. 액션 영화 좋아하세요? **Ann** 네, 좋아해요. 저는 액션 영화 보는 거 아주 좋아한답니다.

회화에서 뽑은 문법

나(I) 또는 상대방(you)에게 '~한가요?'라고 물어볼 때 **Do I ~?, Do you ~?**로 묻습니다. 이때 **그 뒤에 오는 동사는 원형으로** 씁니다. 이렇게 시작하는 질문에 대해서 '그렇다'고 대답하려면 Yes 다음에 주어와 do를, '그렇지 않다'라고 하려면 No 다음에 주어와 don't를 이어 말하면 됩니다. '~하지 않나요?'하고 부정문으로 물어볼 때는 Don't ~?로 시작할 수 있습니다. 이때 대답의 내용이 긍정이라면 무조건 Yes로, 부정이라면 No로 답합니다.

- **Do** you like working here?
  당신은 여기에서 일하는 거 좋아요?
  ↳ **Yes**, I **do**.
  네, 좋아요.
- **Do** I look okay?
  저 괜찮아 보여요?
  ↳ **Yes**, you **do**.
  네, 괜찮아요.
- **Don't** you think so?
  당신은 그렇게 생각하지 않나요?
  ↳ **Yes**, I **do**.
  그렇게 생각해요.
- **Don't** you go to work at 9 a.m.?
  아침 9시에 출근하지 않나요?
  ↳ **No**, I **don't**.
  아니요, 그렇지 않아요.

Review Quiz

1 괄호 안에 주어진 동사를 사용하여 질문을 완성하세요.

A ______________________ sports? (like)
스포츠를 좋아하세요?

B Yes, I do. I really like football and baseball.
네, 좋아해요. 축구와 야구를 정말 좋아해요.

A ______________________ the rules? (understand)
규칙들을 이해하세요?

B No, I don't. They sound too difficult.
아니요, 이해 못하겠어요. 너무 어렵게 들려요.

2 보기에서 알맞은 질문을 골라 대화를 완성하세요.

보기 Do I have any other options?
Do you watch news on TV?

A ____________________________?

B No, I use my computer or cell phone.
아니요, 전 컴퓨터나 휴대폰을 이용해요.

A ____________________________?

B Yes, you can choose Saturday instead of Friday.
네, 금요일 대신 토요일을 선택하실 수 있습니다.

단어
rule 규칙 sound ~하게 들리다 option 선택지, 옵션 choose 선택하다, 고르다

정답 1. Do you like / Do you understand
2. Do you watch news on TV? / Do I have any other options?

3인칭 주어와 일반동사

~가 …해요

Evan Where does John live?

Jenny **John lives** in Korea now.

He likes Korean culture and food.

Evan What does he do?

Jenny **He teaches** English at a university.

Evan 존은 어디에 사나요? **Jenny** 존은 지금 한국에서 삽니다. 그는 한국의 문화와 음식을 좋아하죠.
Evan 그는 뭘 하나요? **Jenny** 그는 대학교에서 영어를 가르칩니다.

회화에서 뽑은 문법

주어가 he, she, it, my mother, Mr. Kim, Jane처럼 3인칭 단수일 때는 **일반동사의 끝에 -s나 -es**를 붙입니다. 철자에 따라 헷갈리는 경우가 많으니 주의가 필요합니다. 변하지 않는 사실이나, 반복되는 행동에 대해서 말할 때에는 현재형 동사를 씁니다.

e나 y로 끝나면 s를 붙인다.

Jane **stays** in my house. 제인은 우리 집에 머문다. (stay → stays)

모음이나 s로 끝나면 es를 붙인다.

John **goes** to a military school. 존은 군사학교에 다녀요. (go → goes)

'자음+y'로 끝나면 y를 없애고 ies를 붙인다.

The bird **flies** high. 그 새는 높이 난다. (fly → flies)

어떤 동사는 아예 철자가 다 바뀌는 경우가 있다.

Tom **has** a huge car. 톰은 큰 차를 가지고 있다. (have → has)

Review Quiz

1 괄호 안에 주어진 동사를 알맞은 형태로 바꿔 문장을 완성하세요.

My daughter __________ camping every summer. (go)
우리 딸은 매년 여름 캠핑을 간다.

He __________ car racing. (enjoy)
그는 자동차 경주를 즐긴다.

She __________ two or three cups of coffee a day. (drink)
그녀는 하루에 커피 두세 잔을 마신다.

My uncle __________ Korean history. (study)
우리 삼촌은 한국 역사를 공부하신다.

2 보기에서 동사를 골라 알맞은 형태로 문장을 완성하세요.

보기 do / cry / watch / work

He __________ too much TV.
그는 TV를 너무 많이 본다.

My baby __________ when she is hungry.
우리 아기는 배가 고프면 운다.

Sam __________ for a bank.
샘은 은행에서 일한다.

She __________ voluntary work in her spare time.
그녀는 여가 시간에 자원봉사를 한다.

단어
voluntary work 자원봉사 spare time 여가 시간

정답 1. goes / enjoys / drinks / studies
2. watches / cries / works / does

3인칭 주어의 일반동사 부정문

~는 …하지 않아요

Ian Does Jane like to cook?

John **Jane doesn't** like to cook.

So **she doesn't** go grocery shopping often.

Ian Does she like spicy food?

John No, **she doesn't** like spicy food.

Ian 제인은 요리하는 것을 좋아해? **John** 제인은 요리하는 것을 좋아하지 않아. 그래서 식료품 쇼핑도 자주 하러 가지 않지. **Ian** 그녀는 매운 음식을 좋아하니? **John** 아니, 매운 음식을 좋아하지 않아.

회화에서 뽑은 문법

주어가 3인칭 단수일 때(he, she, it, Jane, My friend, Jane's brother...) '~하지 않는다'라고 부정하는 경우는 주어 다음에 **does not 또는 doesn't를 쓰고 뒤에 일반동사의 원형**을 이어 말하면 됩니다.

- **My father doesn't like** shopping.
  우리 아빠는 쇼핑하는 걸 싫어하세요.
- **Mrs. Brown doesn't have** children.
  브라운 여사는 자녀가 없습니다.
- **He doesn't enjoy** hiking.
  그는 하이킹을 즐겨하지 않아요.
- **She doesn't like** excercising.
  그녀는 운동하는 것을 좋아하지 않아요.

Review Quiz

1 **다음 문장을 해석에 맞게 긍정 또는 부정형으로 만들어 보세요.**

She wants to live alone. She ______________ living with other people. (like)

그녀는 혼자 살고 싶어 한다. 그녀는 다른 사람과 함께 사는 것을 좋아하지 않는다.

He can't sleep well, so he ______________ coffee at night. (drink)

그는 잠을 잘 자지 못해서 밤에 커피를 마시지 않는다.

She goes to work at 7 a.m., so she ________ up early in the morning. (get)

그녀는 아침 7시에 출근해서 아침에 일찍 일어난다.

2 **뒤에 이어지는 말을 보기에서 골라 문장을 완성해 보세요.**

a. She is shy and quiet. _____

그녀는 수줍음 많고 조용하다.

b. She can't buy a new house. _____

그녀는 새 집을 살 수 없다.

c. She is afraid of water. _____

그녀는 물을 무서워한다.

보기 ① She doesn't enjoy going to parties.
그녀는 파티에 가는 걸 즐기지 않는다.

② She doesn't like swimming.
그녀는 수영을 좋아하지 않는다.

③ She doesn't have enough money.
그녀는 돈이 충분하지 않다.

정답 1. doesn't like / doesn't drink / gets
2. a - ① / b - ③ / c - ②

3인칭 주어의 일반동사 의문문

~가 …한가요?

Ken **Does John work** here?

Lisa Not anymore.

Ken **Does he work** at a different company?

Lisa Yes, he quit last month.

Ken 존이 여기에서 일하나요? **Lisa** 이젠 아니에요. **Ken** 그는 다른 회사에서 일하나요?
Lisa 네, 그는 지난달에 그만뒀어요.

회화에서 뽑은 문법

3인칭 단수인 주어가 '~한가요?'라고 물을 때 **'Does+주어+동사원형 ~?'**의 형태로 묻습니다. Does로 시작하는 질문에 '그렇다'고 하려면 Yes 다음에 주어와 does를 이어 말하고, 아니라고 하려면 No 다음에 주어와 doesn't를 이어 말합니다. doesn't는 때로는 does not이라고 띄어 말하기도 합니다.

- **Does your brother work** here?
  당신의 형은 여기서 일하나요?
  ㄴ **No, he doesn't.** He works at a different company.
  아니요, 그렇지 않아요. 그는 다른 회사에서 일해요.
- **Does Jane's sister live** in Canada?
  제인의 언니는 캐나다에 살아?
  ㄴ **Yes, she does.**
  응, 맞아.

Review Quiz

1 괄호 안에 주어진 주어와 동사를 사용하여 질문을 완성하세요.

________________ French? (he / speak)
그는 불어를 하나요?

________________ a new job? (your brother / want)
당신의 남동생은 새 직장을 원하나요?

________________ vegetables? (your kid / eat)
당신의 아이는 채소를 먹나요?

________________ around here? (she / live)
그녀는 이 근처에 살고 있나요?

2 다음 질문에 맞는 답변을 보기에서 고르세요.

a. Does your school have a soccer team? ______
당신의 학교에는 축구팀이 있나요?

b. Does your brother travel a lot? ______
당신의 남동생은 여행을 많이 하나요?

c. Does she make dinner every day? ______
그녀는 매일 저녁 식사를 준비하나요?

보기
① Yes, he likes visiting different countries.
네, 그는 다른 나라에 가 보는 걸 좋아해요.
② No, she doesn't enjoy cooking.
아니요, 그녀는 요리를 즐겨하진 않아요.
③ Yes, it has several sports teams.
네, 몇 개의 스포츠팀이 있어요.

단어
visit 방문하다 several 몇몇의

정답 1. Does he speak / Does your brother want / Does your kid eat / Does she live
2. a - ③ / b - ① / c - ②

복수 주어의 일반동사 부정문과 의문문

~들은 …하지 않아요, ~들은 …을 하나요?

Lucy **Do we have** any choice?

Tom **No, we don't.**

We don't have any choice.

Lucy But **we don't** give up, right?

Tom **No, we don't.**

Lucy 우리에게 어떤 선택의 여지가 있나요? **Tom** 아니요. 없어요. 우린 그 어떤 선택의 여지도 없습니다. **Lucy** 하지만 우린 포기하지 않아요. 그렇죠? **Tom** 그럼요. 포기하지 않아요.

회화에서 뽑은 문법

주어가 여럿을 가리킬 경우 '(그들은) ~을 하나요?'라고 의문문을 만들 때 **'조동사 Do+주어+동사원형 ~?'**으로 표현합니다. 또 '(그들은) ~하지 않아요'라는 뜻의 부정문을 만들 때는 주어와 동사 사이에 '하지 않는다'는 뜻으로 do not(= don't)을 이어 말하죠. 그에 대한 대답은 긍정이면 'Yes, 주어+do', 부정이면 'No, 주어+don't'로 말합니다.

- **Do** you and your brother **live** together?
  당신과 당신의 오빠는 같이 사나요?
  └ **Yes, we do. / No, we don't.**
  네, 우린 그래요. / 아니요, 우린 안 그래요.
- **Do** your brother and sister **live** in Korea?
  당신의 형제자매들은 모두 한국에 사나요?
  └ **No, they don't.** They all live in the States.
  아니요, 그렇지 않아요. 그들은 모두 미국에 살아요.

Review Quiz

1 **다음 문장을 해석에 맞게 긍정 또는 부정형으로 만들어 보세요.**

My friend John and I like history, but ______________ math. (like)
내 친구 존과 나는 역사를 좋아하지만, 우리는 수학은 좋아하지 않는다.

Sally and Julia go to the same school, but ______________ each other. (know)
샐리와 줄리아는 같은 학교에 다니지만, 그들은 서로를 모른다.

You and your brother don't look like each other, but ______________ similar personalities. (have)
당신과 당신의 동생은 서로 닮지 않았지만, 당신들은 비슷한 성격을 가지고 있어요.

2 **괄호 안에 주어진 주어와 동사를 사용하여 질문을 완성하세요.**

A ______________ regularly? (your parents / exercise)
당신의 부모님은 규칙적으로 운동하시나요?

B Yes, they go jogging every day.
네, 두 분은 매일 조깅을 하세요.

A ______________ enough time to finish this project? (we / have)
우리가 이 프로젝트를 마칠 충분한 시간이 있을까요?

B No, we need one more week.
아니요, 우린 일주일이 더 필요해요.

단어
look like ~처럼 보이다　each other 서로　similar 비슷한　personality 성격　regularly 규칙적으로, 정기적으로

정답 1. we don't like / they don't know / you have
2. Do your parents exercise / Do we have

MP3와 저자 강의를 들어 보세요

DAY 021~030

1, 2인칭 주어의 be동사 과거형과 부정문

~는 …이었어요, ~는 …가 아니었어요

Oliver **I was** so excited yesterday.
The game **was** really fun!

Bella Oh, yeah? Actually, **I was** sad yesterday.

Oliver Why **were you** sad?

Bella I broke up with my boyfriend.

Oliver 나 어제 진짜 신났었어. 경기가 정말 재밌었거든! **Bella** 아, 그래? 사실, 난 어제 슬펐어.
Oliver 왜 슬펐어? **Bella** 남자친구랑 헤어졌거든.

회화에서 뽑은 문법

1, 2인칭 주어(I, you, we)가 과거에 느꼈던 감정, 상태, 기분 등에 대해 '과거에 ~였다'고 할 때 be동사 **am, are는 각각 was, were로** 바꿉니다. 또 '~이지 않았다'는 부정문은 be동사의 과거형에 not을 바로 이어 말하죠. **was not은 wasn't로 were not은 weren't로** 줄일 수 있습니다. 정확히 과거의 언제인지를 말하고 싶을 땐 yesterday(어제), five years ago(5년 전에), then(그때), when we were young(우리가 어렸을 때)과 같이 시간을 나타내는 부사들을 이용하면 과거형 시제가 훨씬 쉽게 익혀집니다.

- **I was** a student.
  저는 학생이었어요.
- **You were** kind.
  당신은 친절했어요.
- **We weren't** diligent.
  우리는 부지런하지 않았어요.
- **I wasn't** hungry **then**.
  난 그때 배가 고프지 않았죠.
- **I was** a teacher **five years ago**.
  저는 5년 전엔 교사였어요.
- **We weren't** angry yesterday.
  우리는 어제 화난 게 아니었어요.

Review Quiz

1 빈칸에 알맞은 be동사를 넣어 문장을 완성하세요.

Yesterday I ________ really angry at you.
어제 난 당신에게 정말 화가 났었어요.

We ________ happy and excited then.
우리는 그 당시에 행복했고 신이 나 있었죠.

I ________ a high school student two years ago.
2년 전에 저는 고등학생이 아니었어요.

You ________ a great help to me in the last presentation.
당신은 지난번 발표 때 제게 큰 도움이 되었어요.

2 빈칸에 be동사의 긍정 또는 부정형을 넣어 문장을 완성하세요.

I ________ disappointed at the movie. It was a lot of fun.
난 그 영화에 실망하지 않았어요. 무척 재미있었거든요.

It was a terrible news, but you ________ so surprised.
그건 끔찍한 뉴스였는데, 당신은 별로 놀라지 않더라고요.

My teacher was very strict, but I ________ satisfied with his teaching.
우리 선생님은 매우 엄격하셨지만, 난 그분의 가르침에 만족했었죠.

We ________ strong, but we were fast.
우리는 힘이 세지는 않았지만, 우린 빨랐어요.

단어
presentation 발표 disappointed 실망한 strict 엄격한 satisfied 만족한

정답 1. was / were / wasn't / were
2. wasn't / weren't / was / weren't

3인칭 주어의 be동사 과거형과 부정문

~이었어요, ~가 아니었어요

Ella **It was** Jane's birthday yesterday.
Her friends were all thrilled.

Sarah But **Jane was not** at home, right?
I visited her but **no one was** home.

Ella That's why **they were** a little disappointed but had fun anyway.

Ella 어제 제인의 생일이었어요. 그녀의 친구들은 모두 신나 있었죠. **Sarah** 하지만 제인은 집에 없지 않았나요? 제가 그녀의 집에 방문했었는데 아무도 집에 없더라고요. **Ella** 그래서 그들은 조금 실망했지만 그래도 즐거운 시간을 보냈답니다.

회화에서 뽑은 문법

주어가 3인칭 단수(he, she, it, Mr. Kim...)거나 복수(they, her friends, the trees...)일 때, 과거의 상태, 기분, 신분, 위치 등에 대해서 말하려면 be동사를 과거형으로 바꿔야 합니다. **3인칭 단수라면 was로, 복수라면 were**로 쓰죠. 이때 '그렇지 않았다'라고 과거의 상태나 감정, 위치, 신분 등을 부정할 때는 was 또는 were 뒤에 not을 붙입니다. **was not은 wasn't로, were not은 weren't**로 줄여서 말할 수 있습니다.

- **Jane was** 19 years old last year.
  제인은 작년에 19살이었다.
- **Logan wasn't** hungry.
  로건은 배가 고프지 않았다.
- **Dr. Kim wasn't** at his office.
  김 선생님은 사무실에 없었다.
- **Joy's brothers were** here yesterday.
  조이의 오빠들이 어제 여기 와 있었다.
- **Jessica's friends weren't** angry.
  제시카의 친구들은 화나지 않았었다.
- **They weren't** happy at that time.
  그들은 그때 행복하지 않았다.

1 **밑줄 친 부분 중 틀린 곳을 찾아 바르게 고치세요.**

<u>He were</u> very rude in the meeting yesterday, so <u>we were</u> angry at him.

그는 어제 회의에서 아주 무례했어요. 그래서 우리들은 그에게 화가 났었죠.

<u>There was</u> a fire in the zoo last night, but <u>all animals was</u> in safe places.

지난밤에 동물원에서 화재가 있었지만, 동물들은 모두 안전한 곳에 있었어요.

<u>I was</u> a basketball player. <u>We are</u> all great players then.

저는 농구 선수였어요. 그때 우리는 모두 대단한 선수들이었죠.

2 **다음 문장을 해석에 맞게 긍정 또는 부정형으로 만들어 보세요.**

We were satisfied at the results. We __________ disappointed at all.

우리는 그 결과에 아주 만족스러웠어요. 우린 전혀 실망하지 않았어요.

Jane and her sister were at their uncle's. They __________ home.

제인과 그녀의 동생은 삼촌 댁에 있었어요. 그들은 집에 없었어요.

Your classmates were all in the playground but you __________ in the classroom.

너의 반 친구들은 모두 운동장에 있었지만 너는 교실에 있었어.

단어

rude 무례한 safe 안전한 result 결과 playground 운동장, 놀이터

정답 1. He were → He was / all animals was → all animals were / We are → We were
2. weren't / weren't / were

일반동사의 과거형과 부정문

~했어요, ~하지 않았어요

Erin I **didn't like** Cindy at first.

Luke Why?

Erin Because I **didn't know** her well. Then we **took** a trip together and **became** good friends.

Erin 난 처음엔 신디를 좋아하지 않았어요. **Luke** 왜요? **Erin** 왜냐하면 그녀에 대해 잘 몰랐거든요. 우리는 같이 여행을 떠났고 그 이후로 친한 친구가 되었죠.

회화에서 뽑은 문법

과거의 행동을 말할 때 동사는 과거형을 씁니다. 과거형을 만드는 방법은 크게 세 가지가 있는데요. **동사 뒤에 -d 또는 -ed**를 붙여서(talk → talked, play → played) 과거형을 만드는 것이 대표적입니다. 또는 **모음이 바뀌거나**(become → became, take → took) **전체 단어의 모양이 변하기도**(go → went, have → had) 하므로 단어별로 잘 알아 두어야 합니다. 과거의 행동에 대해 '~하지 않았다'고 부정하려면 **did not**(= didn't)을 동사원형 앞에 넣습니다.

- I **had** two dogs.
  난 개를 두 마리 길렀다.
- I **played** with them every day.
  난 매일 그들과 놀았다.
- They **didn't bark** loudly.
  그들은 크게 짖지도 않았다.
- Edison **didn't do** well at school.
  에디슨은 학교에서 그다지 공부를 잘하지 않았다.
- But he **worked** so hard.
  하지만 그는 열심히 노력했다.
- He **became** a successful inventor.
  그는 성공적인 발명가가 되었다.

Review Quiz

1 밑줄 친 동사를 과거형으로 바꿔 보세요.

I play soccer with my friends last Sunday.
나는 지난 일요일에 친구들과 축구를 했다.

I eat too much for lunch, so I don't want to eat dinner today.
나는 점심 때 너무 많이 먹어서, 오늘 저녁은 먹고 싶지 않다.

She study biology in college.
그녀는 대학 때 생물학을 공부했다.

He make some mistakes on his driving test.
그는 운전면허 시험에서 몇 가지 실수를 했다.

2 뒤에 이어지는 말을 보기에서 골라 문장을 완성해 보세요.

a. I am hungry because ___________
나는 배가 고프다. 왜냐하면

b. I wrote a letter to her, but ___________
나는 그녀에게 편지를 썼다. 하지만

c. She didn't go shopping because ___________
그녀는 쇼핑을 하러 가지 않았다. 왜냐하면

보기
① she didn't like crowded malls.
그녀는 붐비는 쇼핑몰을 좋아하지 않았다.
② I didn't eat breakfast today.
나는 오늘 아침을 먹지 않았다.
③ she didn't reply to me.
그녀는 나에게 답장을 하지 않았다.

정답 1. played / ate / studied / made
2. a - ② / b - ③ / c - ①

be동사, 일반동사의 과거형 의문문

~이었나요?, ~를 했나요?

Kara **Were you** sick yesterday?

Josh Yes, I was. I had a bad cold.

Kara **Did you** go see a doctor?

Josh Yes, I did. I went to see Dr. Kim.

Kara 너 어제 아팠었어? **Josh** 응, 아팠어. 감기가 지독히 걸렸었어. **Kara** 의사 선생님한테 진료받으러 갔었어? **Josh** 응, 갔었어. 김 선생님에게 갔었지.

회화에서 뽑은 문법

과거의 상태나 행동에 대해서 '~이었니?', '~했니?'라고 확인하며 묻는 의문문입니다. 상태나 기분, 위치 등을 말하는 be동사를 이용해서 물을 때는 **주어에 따라서 were 또는 was**로 물어봅니다. Were you ~?, Were we ~?, Were they ~?, Was I ~?, Was he ~?, Was she ~?처럼요. 행동에 대해서 물을 때는 주어에 상관없이 **'Did+주어+동사원형 ~?'**으로 물어봅니다. 이 질문에 Yes로 답할 땐 주어와 did로, No로 답할 땐 주어와 did not(= didn't)을 붙여 답합니다.

- **Were you** in Korea last month?
  당신은 지난달에 한국에 있었나요?
  ↳ **Yes, I was.**
  네, 그랬죠.
- **Did you have** a good time?
  당신은 즐거운 시간을 보냈나요?
  ↳ **Yes, I did.**
  네, 그랬어요.
- **Was Miss Johnson** with you?
  미스 존슨은 당신과 같이 있었어요?
  ↳ **Yes, she was.**
  네, 그녀는 그랬죠.
- **Did she** like Korean food?
  그녀는 한국 음식을 좋아했나요?
  ↳ **Yes, she did.**
  네, 그녀는 그랬어요.

Review Quiz

1 보기에서 알맞은 동사를 골라 질문을 완성하세요.

보기 do / see / be / write

__________ the new Star Wars movie?
새로 나온 〈스타워즈〉 영화 보셨나요?

__________ born in winter?
당신은 겨울에 태어났나요?

__________ your homework?
너 숙제했니?

______________ this book?
너희 아버지가 이 책을 쓰셨니?

2 괄호 안에 주어진 주어와 동사를 사용하여 대화를 완성하세요.

A __________ history in college? (you / study)
당신은 대학 때 역사를 공부하셨나요?

B No, I didn't. ________ economics. (I / study)
아니요, 저는 경제학을 공부했어요.

A ________ out late last night? (you / be)
어젯밤에 늦게까지 밖에 있었나요?

B No, ________ at home all day yesterday. (I / be)
아니요, 저는 어제 하루 종일 집에 있었어요.

단어
born 태어난 college 대학 economics 경제학 all day 하루 종일

정답 1. Did you see / Were you / Did you do / Did your father write
2. Did you study / I studied / Were you / I was

to부정사의 명사적 용법 (주어, 목적어, 보어 역할)

~하는 것을 …해요, ~하기를 …해요

Amy I want **to buy** a big TV.
It's been my dream **to own** a big TV.

Leo Well, I want **to go** to Europe for Christmas.
My dream was **to travel** to Europe.

Amy 난 대형 TV를 사고 싶어. 대형 TV를 갖는 것은 나의 꿈이었어. **Leo** 음, 나는 크리스마스 동안에 유럽 여행을 가고 싶어. 내 꿈은 유럽으로 여행 가는 거였거든.

회화에서 뽑은 문법

to 다음에 동사원형이 이어진 형태를 to부정사라고 합니다. 문장에서 오는 위치에 따라서 그 의미와 기능이 다양합니다. **'~하는 것'**이란 뜻으로 주어로 쓰이는 경우가 있고, **'~하기를'**이란 뜻의 목적어로 쓰이는 경우도 있습니다. 또 **'~는 하는 것이다'**라고 할 때 보어의 위치에도 옵니다. to부정사는 현재, 과거, 미래 어떤 시제의 문장에서도 쓰일 수 있습니다.

- **To live** alone is not easy.
  혼자 산다는 것은 쉽지 않다.
- **To learn** English is not always fun.
  영어를 배우는 것이 항상 즐겁지만은 않다.
- We decided **to stay** home tonight.
  우리는 오늘 밤 그냥 집에 있기를 결정했어요.
- John wants **to move** to an apartment.
  존은 아파트로 이사하기를 원해요.
- My dream is **to be** a popular singer.
  나의 꿈은 인기 가수가 되는 것이랍니다.

Review Quiz

1 괄호 안에 주어진 동사를 사용하여 대화를 완성하세요.

A What is your dream?
당신의 꿈은 무엇인가요?

B I like __________. I want to be a singer. (sing)
전 노래하는 걸 좋아해요. 전 가수가 되고 싶어요.

A I heard you quit the job.
당신이 직장을 그만뒀다고 들었어요.

B I plan __________ my own business. (start)
전 제 사업을 시작할 계획이에요.

2 보기에서 알맞은 표현을 골라 '동사 + to부정사' 형태로 문장을 완성하세요.

보기 **동사** need / expect / refuse
to부정사 to help / to finish / to meet

We asked them to help us, but they __________ us.
그들에게 우리를 도와 달라고 요청했지만, 그들은 돕기를 거부하네요.

I'm very busy doing my homework. I __________ it by today.
나는 숙제를 하느라고 아주 바빠요. 나는 오늘까지 숙제를 끝내야 하거든요.

I didn't __________ him again, but I met him at the high school reunion.
나는 그를 다시 만날 거라고 기대하지 못했는데 고등학교 동창회에서 그를 만났죠.

단어
quit 그만두다 plan 계획하다 own 자신의 expect 기대하다 refuse 거절하다, 거부하다 reunion 동창회

정답 1. to sing / to start
2. refuse to help / need to finish / expect to meet

to부정사의 부사적 용법 (목적, 이유 말하기)

~하기 위해서, ~하게 되어서

Sam I came **to see** Mr. Jung.

Jung Oh, that's me. Nice **to meet** you.

Sam I'm very happy **to meet** you too.
I came **to discuss** our project.

Jung Great. Shall we go to my office?

Sam 저는 미스터 정을 만나러 왔습니다. **Jung** 아, 접니다. 만나 뵙게 되어 기쁩니다. **Sam** 뵙게 되어서 저도 무척 기쁩니다. 저는 우리의 프로젝트를 상의하기 위해서 왔습니다. **Jung** 좋습니다. 제 사무실로 가실까요?

회화에서 뽑은 문법

to부정사가 문장 안에서 '~을 하기 위해서'라는 의미로 **목적을 뜻하거나** '~하게 되어서', '~하다니'라는 의미로 **원인을 설명**하는 경우가 있습니다. '~하게 되어서'라고 해석되는 to부정사는 감정의 원인을 나타내는 경우가 많습니다. 또, to부정사의 부사적 용법은 '~를 하기에 어떠하다'라는 식으로 쓰이기도 합니다.

- I work out every day **to lose** weight.
  나는 살을 빼기 위해서 매일 운동한다.
- I need to get a place **to start** my own business.
  나는 내 사업을 시작하기 위해서 장소를 얻어야 한다.
- I'm sorry **to hear** the news.
  그 소식을 듣게 되어서 정말 유감입니다.
- My mother was surprised **to find out** the truth.
  나의 어머니는 진실을 알게 되어서 놀라셨어요.

Review Quiz

1 **보기에서 알맞은 동사를 골라 to부정사 형태로 문장을 완성하세요.**

보기 go / learn / improve / speak

English is difficult ______________.

영어는 배우기가 어렵다.

You need steady efforts ______________ English better.

영어를 더 잘 말하기 위해선 꾸준한 노력이 필요하다.

I get up early ______________ jogging.

나는 조깅을 하기 위해 일찍 일어난다.

Regular exercise is important ______________ your health.

규칙적인 운동은 건강을 개선하는 데 중요하다.

2 **보기에서 알맞은 표현을 골라 문장을 완성하세요.**

보기 to celebrate / sorry to say

I'm ______________________ this, but you are not in the promotion list.

이런 말하게 되어 미안한데요, 승진자 명단에 당신 이름은 없습니다.

We had a big party for our grandmother ______________________ her 80th birthday.

우리는 할머니의 여든 살 생신을 축하하기 위해 큰 잔치를 열었다.

단어

steady 꾸준한 effort 노력 regular 규칙적인 celebrate 축하하다 promotion 승진

정답 1. to learn / to speak / to go / to improve
2. sorry to say / to celebrate

to부정사의 형용사적 용법 (명사 수식)

~할, ~하는

Tom I need a place **to stay** for two days.

Ryan Okay. I have a room **to spare**.

Tom Great! I need to stop by a market.

I have a few things **to buy**.

Tom 이틀간 지낼 곳이 필요해. **Ryan** 그래. 여유로 쓸 방이 하나 있어. **Tom** 좋아! 잠깐 마켓에 들러야 해. 살 것들이 몇 개 있거든.

회화에서 뽑은 문법

to부정사가 문장 안에서 명사를 설명하는 형용사와 같은 역할을 하는 경우입니다. '~할', '~하는'이라는 뜻으로 쓰여서 **바로 앞에 있는 명사를 설명**해 줍니다. 이때 명사가 '동사+전치사'의 목적어라면 그 전치사는 to부정사 뒤에 붙이세요. 즉 '불만을 제기할 무언가'라고 할 때 something 뒤에 '~에 대해 불평할'이란 뜻으로 to complain을 붙이지만, 사실 이때 something은 complain about something이란 표현에서와 같이 '동사+전치사(complain about)'의 목적어가 되므로 about을 to부정사인 to complain 다음에 이어 붙이는 거죠.

- Would you like something **to drink**?
  마실 것을 좀 드릴까요?
- Can I have something **to read**?
  읽을 것을 좀 얻을 수 있을까요?
- Do you have anything **to complain about**?
  불평할 거리가 있나요?
- I didn't have anyone **to talk to**.
  난 이야기를 건넬 사람이 아무도 없었어요.

Review Quiz

1 보기에서 알맞은 동사를 골라 to부정사 형태로 문장을 완성하세요.

보기 sleep / write / understand

I have some true friends ________ me.
나를 이해해 줄 진정한 친구들이 몇 명 있다.

I'm busy with the project. I have no time ________.
나는 그 프로젝트로 바쁘다. 잠잘 시간이 없다.

I have to write an essay, but I have nothing ________ about.
에세이를 써야 하는데, 쓸 만한 것이 없다.

2 보기에서 알맞은 표현을 골라 '명사 + to부정사' 형태로 문장을 완성하세요.

보기	
명사	box / place / person
to부정사	to eat / to keep / to put

He is not a ________ the secret.
그는 비밀을 지킬 사람이 아니에요.

I need a ________ these old clothes in.
나는 이 헌 옷들을 담을 상자가 필요해요.

I found a good ________ lunch.
점심 먹을 만한 좋은 곳을 찾았어요.

정답 1. to understand / to sleep / to write
2. person to keep / box to put / place to eat

동명사만 목적어로 받는 동사

~하기를 …해요

Alex What do you like to do?

Jina I **enjoy reading** novels.
Sometimes I **finish reading** a book overnight.

Alex Really? I **enjoy working out**.

Jina Me, too! Do you **mind working out** with me?

Alex 넌 뭐 하는 걸 좋아해? **Jina** 난 소설 읽는 것을 좋아해. 난 가끔 책 한 권을 밤새 다 읽기도 해.
Alex 정말? 나는 운동하는 걸 좋아해. **Jina** 나도! 나랑 같이 운동하러 가면 안 될까?

회화에서 뽑은 문법

동명사는 **동사에 -ing**를 붙여서 **'~하기', '~하는 것'**이라는 뜻으로 명사처럼 만들어 쓰는 것인데요, 어떤 동사는 이런 동명사만을 목적어로 취합니다. 대표적으로 **enjoy**(즐기다), **finish**(끝내다), **give up**(포기하다), **mind**(꺼리다), **postpone**(미루다), **consider**(고려하다), **avoid**(피하다) 등을 들 수 있습니다. 이 동사들은 to부정사와는 같이 쓰이지 않고 동명사와만 같이 쓰입니다. mind는 '꺼리다', '신경 쓰다'라는 뜻의 동사로 Do you mind -ing?처럼 상대에게 양해를 구할 때 많이 쓰죠. 흔쾌히 들어줄 때는 오히려 No, not at all.(아니요, 저는 전혀 꺼리지 않아요.)라고 답해야 하니 주의하세요.

- I **enjoy cooking**. / *I enjoy to cook. (X)*
  난 요리하기를 즐겨요.
- Did you **finish cleaning** the room? / *Did you finish to clean the room? (X)*
  방 청소하는 것을 마쳤나요?
- We should **consider hiring** him. / *We should consider to hire him. (X)*
  우린 그를 채용할 것을 고려해야 한다.

1 **괄호 안에 주어진 동사를 사용하여 대화를 완성하세요.**

A Do you enjoy __________ horror movies? (watch)
공포 영화를 즐겨 보세요?

B No, I don't like scary movies.
아니요, 저는 무서운 영화를 좋아하지 않아요.

A Can you help me?
저 좀 도와줄 수 있어요?

B I'm sorry. I have to finish __________ this report. (write)
미안해요. 전 이 보고서 쓰는 걸 마쳐야 해요.

2 **보기에서 알맞은 표현을 골라 '동사 + 동명사' 형태로 문장을 완성하세요.**

보기	
동사	mind / likes
동명사	singing / turning

A She has a beautiful voice.
그녀는 아름다운 목소리를 가졌더라.

B Yes, and she really __________________ in public.
응, 그리고 그녀는 사람들 앞에서 노래하는 걸 정말 좋아해.

A Do you __________________ off the heater?
난방을 좀 꺼도 될까요?

B No, go ahead.
네, 그렇게 하세요.

단어
in public 공개적으로, 다른 사람 앞에서 turn off 끄다 heater 히터, 난방기

정답 1. watching / writing
2. likes singing / mind turning

to부정사만 목적어로 받는 동사

~하기를 …해요

Mia Do you **want to learn** the piano with me?

Aria I'**d like to join** you but I'm too busy.

I **decided to open** a café.

Mia How nice!

Mia 나랑 피아노 배우기를 원하니? **Aria** 나도 너랑 함께하고 싶지만 나는 너무 바빠. 새 카페를 열기로 결정했거든. **Mia** 잘됐네!

회화에서 뽑은 문법

want(원하다), **hope**(희망하다), **plan**(계획하다), **wish**(소망하다), **decide**(결정하다), **agree**(동의하다)와 같은 동사들은 '~하기를'이란 뜻의 목적어로 to부정사만 취합니다. like처럼 동명사 형태나 to부정사의 형태를 모두 받을 수 있는 동사도 있습니다. 그리고 동명사 형태, to부정사 형태를 모두 받을 수는 있지만 의미가 달라지는 것도 있습니다. 예를 들어 stop의 경우, I stopped to answer the phone.(to부정사의 부사적 용법)이라고 하면 '전화를 받기 위해 가던 걸음을 멈췄어.'라는 의미이지만 I stopped answering the phone.이라고 하면 '전화 받는 것을 그만두었어.'라는 의미가 되니까 유의해서 사용해야 합니다.

- I **want to see** you soon.
  난 곧 당신을 만나기를 원해요.
- Does John **plan to quit**?
  존은 그만두기를 계획하고 있나요?
- I **decided to take** the offer.
  그 제안을 받아들이는 것을 결정했어요.
- She **hopes to move** to the US.
  그녀는 미국으로 이주하기를 희망합니다.
- I **like to watch** movies.
  난 영화 보기를 좋아해요.
- I **like watching** movies.
  난 영화 보기를 좋아해요.

1 밑줄 친 부분 중 틀린 곳을 찾아 바르게 고치세요.

We hope inviting you next month.
우리는 다음 달에 당신을 초대하고 싶습니다.

I gave up trying to persuade my parents.
나는 우리 부모님을 설득하려고 노력하는 걸 포기했어요.

She decided to study more in England.
그녀는 영국에서 더 공부하기로 결정했다.

Many people consider to change jobs.
많은 사람들이 직장을 옮기는 것을 고려한다.

2 보기에서 알맞은 동사를 골라 to부정사 또는 동명사 형태로 문장을 완성하세요.

보기 elect / meet / have

Brad doesn't like Jane, so he left the party early to avoid ________ her.
브레드는 제인을 좋아하지 않는다. 그래서 그는 그녀를 만나는 것을 피하려고 파티를 일찍 떠났다.

We all agree ________ him as the next president of our club.
우리는 모두 그를 우리 클럽의 다음 회장으로 뽑는 데 동의한다.

Many couples postpone ________ children because of economic reasons.
많은 부부가 경제적인 이유로 아이 갖는 것을 미룬다.

invite 초대하다 give up 포기하다 persuade 설득하다 leave 떠나다 avoid 피하다 postpone 미루다

정답 1. inviting → to invite / to change → changing
2. meeting / to elect / having

주요 동사 (1) get

얻다, 받다, 이해하다, 가져다주다, ~한 상태가 되다...

Waiter Are you ready to order?

June Can I **get** a Korean menu?

Waiter Of course. Here it is.

Let me **get** you some water first.

June Thanks.

Waiter 주문할 준비 되셨나요? **June** 한국어 메뉴판을 얻을 수 있을까요? **Waiter** 물론이죠. 여기 있습니다. 제가 물을 먼저 가져다드리겠습니다. **June** 감사해요.

회화에서 뽑은 문법

다양한 경우에 자주 쓰이는 주요한 동사 중 get이 있습니다. 주어가 3인칭 단수라면 현재형은 gets, 과거형은 got, 수동태 문장이나 완료시제에서 필요한 과거분사는(참고 Day 34, 40, 41) gotten 또는 got으로 씁니다. get은 어떤 물건이나 시험에서 점수 등을 **'얻다', '받다', '가져오다'**라는 의미가 있습니다. 또는 어떤 것을 **'이해하다', '알아듣다'**라는 뜻으로도 쓰입니다. get 다음에 사람과 명사를 이어 말하면 **'그 사람에게 어떤 것을 가져다주다'**라는 뜻이 되기도 합니다. 또한, 과거분사 형태를 포함한 형용사와 함께 쓰이면 **'~한 상태로 되다'**라는 뜻이 됩니다.

- I **got** it.
  알아들었어요.
- I **got** you a present.
  당신에게 (줄) 선물을 가져왔어요.
- Let me **get** you some food.
  당신에게 음식을 좀 가져다드릴게요.
- He finally **got** promoted.
  그는 드디어 승진했어요.
- **Get** the job done by tomorrow.
  내일까지는 일을 다 마치세요.
- We all **got** excited.
  우린 모두 신이 났죠.

Review Quiz

1 보기에서 알맞은 get의 형태를 골라 문장을 완성하세요.

보기 get / gets / got

He ________ much better.
그는 훨씬 나아졌어요.

My daughter usually ________ good grades in school.
우리 딸은 보통 학교에서 좋은 성적을 받아요.

I usually ________ his points well during the lecture.
나는 강의 중에 그의 요점을 잘 알아듣죠.

2 get의 의미가 같은 문장을 보기에서 고르세요.

a. Get me some water, please. ______
물 좀 갖다주세요.

b. When she gets angry, she doesn't talk. ______
그녀는 화가 나면 말을 하지 않아요.

c. The latest model of the computer is easy to get. ______
그 컴퓨터의 최신 모델은 구하기 쉬워요.

보기
① He got a puppy on his birthday.
그는 자신의 생일에 강아지를 얻었죠.
② We all got excited to see mom.
우린 엄마를 보게 돼서 모두 신났지요.
③ He got me a bigger glass.
그는 내게 더 큰 잔을 가져다주었다.

단어
point 요점 lecture 강의 latest 최신의

정답 1. got / gets / get
2. a - ③ / b - ② / c - ①

MP3와 저자 강의를 들어 보세요

DAY 031~040

주요 동사 (2) have

가지고 있다, 먹다, 시간을 보내다, 시키다...

Alan I **have** a dog. She **has** brown hair.
She is so cute.

Chloe Really? I **have** a dog too. She **has** big eyes.
Let's get together sometime with our dogs.

Alan 난 개를 한 마리 기르고 있어. 갈색 털을 가지고 있어. 너무 귀여워. **Chloe** 정말? 나도 개가 한 마리 있어. 큰 눈을 가지고 있어. 우리 그럼 언제 개들을 데리고 만나자.

회화에서 뽑은 문법

우리가 잘 알고 있는 have는 **기본적으로 '물건이나 어떤 관계를 가지고 있다'라는 뜻**으로 쓰는데, 3인칭 단수 주어와 쓰이면 has, 과거형과 과거분사는 모두 had로 바뀝니다. 또한 have는 '신체적 특징, 성격, 특성 등을 가지고 있다'라는 뜻으로도 쓰입니다. 또 '(음식 등을) 먹다', '시간을 보내다'라는 뜻도 있습니다. **'have+명사+과거분사'**로도 쓰이는데 이는 '대상(명사)으로 하여금 어떤 상태(과거분사)가 되도록 만든다'는 의미가 되고, **'have+명사+동사원형'**으로 쓰면 '대상(명사)으로 하여금 어떤 일을 하도록(동사) 만들거나 시킨다'는 의미가 됩니다.

- She **has** a huge mansion on the hill.
  그녀는 언덕 위에 커다란 저택을 가지고 있어요.
- Jane **had** a tough childhood.
  제인은 힘든 어린 시절을 보냈어요.
- I **had** my hair cut.
  머리를 잘랐어요. (내 머리카락을 잘린 상태가 되도록 했다는 뜻)
- **Have** John call me later.
  존에게 나한테 나중에 전화하도록 해 주세요.

Review Quiz

1 각 문장에 쓰인 have의 의미를 보기에서 찾아 써 보세요.

보기 eat / spend / make / own

I have two dogs and a cat.
나는 개 두 마리와 고양이 한 마리가 있다.

I had a great time with my friends on the beach.
나는 해변에서 친구들과 즐거운 시간을 보냈다.

Having breakfast is very important for health.
아침을 먹는 것은 건강에 매우 중요하다.

I had my car repaired.
나는 차를 수리했다. (차를 맡겨서 수리하도록 했다.)

2 have의 쓰임이 나머지 세 문장과 다르게 쓰인 한 문장을 찾으세요.

① Do you have a good relationship with your parents?
당신은 부모님과 사이가 좋은가요?

② Please have John call me tonight.
오늘 밤 존이 제게 전화 걸도록 해 주세요.

③ Many people have smart phones.
많은 사람들이 스마트폰을 가지고 있다.

④ She has long straight hair.
그녀는 긴 생머리를 가지고 있다.

단어
repair 수리하다 relationship 관계 straight 곧은

정답 1. own(소유하다) / spend(시간을 보내다) / eat(먹다) / make(~되게 만들다, ~하도록 시키다)
2. ②('시키다'의 의미로 쓰임, 나머지는 모두 '가지고 있다'의 의미로 쓰임)

주요 동사 (3) make

만들다, 만들어 주다, 시키다...

Elin What are you **making**?

Lina I'm **making** a sandwich. And... this is for you!

Elin Yummy! You'll **make** a great cook someday!

Elin 뭐 만드는 중이야? **Lina** 나 샌드위치 만들고 있어. 그리고... 이건 너 주려고! **Elin** 맛있다! 넌 언젠가 훌륭한 요리사가 될 거야!

회화에서 뽑은 문법

make는 **기본적으로 '만들다'라는 뜻**이 있죠. 3인칭 단수 주어와는 makes로 쓰이고 과거형, 과거분사형은 made입니다. make는 become처럼 '~가 되다'라는 뜻으로도 씁니다. make는 다른 단어와 결합해서 쓰이기도 하는데요, **'make+대상+명사'**의 형태로 쓰면 '대상을 명사로 만들다', '대상에게 명사를 만들어 주다'라는 의미입니다. 또, **'make+대상+동사원형'**으로 쓰면 '대상으로 하여금 어떤 행동을 하도록 만들다, 시키다'라는 의미가 되죠. 그리고 **'make+대상+형용사'**로 쓰면 '대상을 ~한 상태로 만들다'라는 의미가 있습니다.

- I **made** a terrible mistake.
  나는 끔찍한 실수를 저질렀다.
- We **made** so much money.
  우리는 아주 많은 돈을 벌었습니다.
- She **made** her husband a great soldier.
  그녀는 자신의 남편을 훌륭한 군인으로 만들었어요.
- Don't **make** me leave.
  나를 떠나가게 하지 말아요.
- John **made** me angry.
  존은 나를 화가 나도록 만들었어요.

1 **보기에서 make와 어울리는 알맞은 표현을 골라 문장을 완성하세요.**

보기 response / mistakes / decision

Careless people make the same ________ again.
부주의한 사람들은 같은 실수를 또 저지른다.

I listen to other people's opinions before making a ________.
나는 결정을 내리기 전에 다른 사람들의 의견을 듣는다.

The actor made no ________ to the reporter's questions.
그 배우는 기자의 질문에 대답하지 않았다.

2 **보기에서 알맞은 표현을 골라 문장을 완성하세요.**

보기 better person / clean / angry

Rude people in public places make me really ________.
공공장소에서 무례한 사람들은 날 정말 화나게 해요.

She made her children ________ their own room.
그녀는 아이들이 자기 방을 치우게 했다.

I always thank him because he made me a ________.
그가 나를 더 나은 사람으로 만들어 주었기에 나는 그에게 늘 감사한다.

단어
response 대답 mistake 실수 decision 결정 careless 부주의한 opinion 의견

정답 1. mistakes / decision / response
2. angry / clean / better person

주요 동사 (4) go

가다, 일이 진행되다, 시간이 흐르다...

Kerri Let's **go**.

I need to **go** to work early today.

Brad How is the project **going**?

Kerri It's **going** great.

Kerri 가자. 오늘 나 회사에 일찍 가야 해. **Brad** 그 프로젝트는 어떻게 되어 가고 있어?
Kerri 아주 잘 되어 가고 있어.

회화에서 뽑은 문법

go는 **기본적으로 '~로 가다'라는 뜻**으로 3인칭 단수 주어에는 goes, 과거형은 went, 과거분사는 gone으로 씁니다. go는 뒤에 전치사, 동명사, 형용사와 함께 쓰여서 정말 다양한 뜻을 나타냅니다. **'어떤 일이 진행되다', '시간이 지나가다', '사라지게 되다'**라는 의미로도 자주 쓰입니다.

- I **go** to school at 7:30 a.m.
  저는 오전 7시 30분에 학교에 갑니다. (go+to+장소: ~로 이동하다)
- Let's **go** for a walk.
  산책하러 갑시다. (go+for+명사: ~을 하러 가다)
- I **went** fishing with my father.
  아버지와 함께 낚시하러 갔었죠. (go+동명사: ~을 하러 가다)
- They **went** bankrupt.
  그들은 파산하고 말았죠. (go+형용사: ~하게 되다)
- The song **goes** like this.
  그 노래는 이렇게 되는 거라고요.
- Did the interview **go** well?
  그 인터뷰는 잘 진행되었나요?

Review Quiz

1 보기에서 알맞은 go의 형태를 골라 문장을 완성하세요.

보기 go / goes / went

Everything __________ wrong because of a small mistake.
작은 실수 때문에 모든 것이 잘못되었다.

I will __________ backpacking in Europe next summer.
나는 내년 여름에 유럽으로 배낭여행을 갈 것이다.

He __________ for a drive when he feels stressed.
그는 스트레스를 받으면 드라이브를 하러 간다.

2 보기에서 알맞은 표현을 골라 문장을 완성하세요.

보기 to college / for a drink / bad / shopping

Let's go __________________ after work!
퇴근 후에 술 한잔하러 가자!

I went __________ last Sunday and bought some cosmetics.
나는 지난주 일요일에 쇼핑 가서 화장품을 좀 샀다.

Foods go __________ easily in summer.
여름에는 음식들이 쉽게 상한다.

He started his own business instead of going __________.
그는 대학에 가는 대신 자신의 사업을 시작했다.

단어
cosmetics 화장품

정답 1. went / go / goes
2. for a drink / shopping / bad / to college

수동태

~가 …되다

Lily What happened to Josh?

Jack He **was hit by** a car last week.

Lily Oh, no! How is he doing?

Jack I **was told** that he needs some time to recover.

Lily 조쉬가 어떻게 된 거예요? **Jack** 지난주에 차에 치였어요. **Lily** 저런! 지금은 어떤가요?
Jack 회복될 시간이 좀 필요하다고 들었어요.

회화에서 뽑은 문법

어떤 일을 '당하게 되었다'라는 의미는 수동태로 표현합니다. 수동태를 만드는 방법은, 우선 **인칭과 시제에 따라서 be동사**를 am, is, are, was, were 등으로 맞게 쓴 다음 **그 뒤에 동사의 과거분사 형태**를 이어 쓰면 됩니다. 수동태는 행위나 내용을 강조해서 표현하고자 할 때 주로 쓰는데, 필요하면 그 뒤에 **by**를 연결해서 '누구' 또는 '무엇'에 의해 그런 일이 일어났는지를 덧붙여 말하기도 합니다. 실생활에서 태어난 곳, 날짜 등을 말할 때도 수동태로 말합니다.

- The Berlin Wall **was built** in 1961.
  베를린 장벽은 1961년에 세워졌다.
- I **was born** in Seoul in 1980.
  나는 1980년에 서울에서 태어났다.
- We **were raised** in Seoul.
  우리는 서울에서 자랐어요. (누군가에 의해 키워졌다는 뜻)
- Michael Jackson **is loved by** so many fans all over the world.
  마이클 잭슨은 전 세계의 많은 팬들에 의해서 사랑받고 있다.

Review Quiz

1 괄호 안에 주어진 동사를 시제에 맞게 수동태로 만들어 보세요.

He ______ a huge present last Valentine's Day. (give)
그는 지난 밸런타인데이에 큰 선물을 받았다.

The Egyptian pyramids ______ thousands of years ago. (build)
이집트의 피라미드들은 수천 년 전에 지어졌다.

Many different languages ______ in India. (speak)
인도에서는 많은 다른 언어들이 쓰인다.

Korea ______ by water on three sides. (surround)
한국은 삼면이 바다로 둘러싸여 있다.

2 보기에서 알맞은 동사를 골라 수동태 문장을 완성하세요.

보기 use / see / write / film

This tool ______ to make houses.
이 도구가 집을 짓는 데 사용되었지요.

This book ______ by my professor last year.
이 책은 작년에 우리 교수님에 의해 쓰였다.

Sometimes the moon ______ during the day.
가끔 낮에 달이 보인다.

Jason Bourne movies ______ in several countries.
제이슨 본 영화들은 여러 나라에서 촬영되었다.

단어
language 언어 surround 둘러싸다 film 촬영하다 professor 교수

정답 1. was given / were built / are spoken / is surrounded
2. was used / was written / is seen / were filmed

used to와 get used to

과거에 ~하곤 했어요 / ~에 익숙해지다

Paige I **used to** get up early, but now I can't.

Dave Well, you need to **get used to** it.

Paige I know... Do you get up early?

Dave I do now. It was tough at first but I **got used to** it.

Paige 난 예전에는 일찍 일어났는데, 지금은 못 일어나겠어. **Dave** 그래도 일찍 일어나는 거에 익숙해져야지. **Paige** 나도 알아... 너는 일찍 일어나? **Dave** 지금은 일찍 일어나. 처음엔 힘들었지만 익숙해진 것 같아.

회화에서 뽑은 문법

과거에 했던 일이나 상태 등에 대해서 말할 때, 특히 그것이 이미 끝난 일이고 현재와는 대조됨을 나타낼 때 **used to**를 씁니다. '과거엔 그랬는데 지금은 그렇지 않다'는 의미이고, used to 다음에는 동사원형을 이어 씁니다. '과거엔 ~하지 않았다'고 할 때는 **didn't use to**를 쓰면 됩니다. 주의할 점은 get used to와 비슷해서 혼동되기 쉽다는 점인데요. get used to는 '어떤 것에 익숙해지다'라는 전혀 다른 뜻입니다.

- I **used to** live in Busan but now I live in Daegu.
  전에는 부산에 살았었는데, 지금은 대구에 살아요.
- I **used to** be so skinny but not anymore.
  전에는 아주 말랐었는데, 지금은 아니에요.
- I **didn't use to** drink wine but now I enjoy it.
  전에는 와인을 마시질 않았지만, 이젠 즐겨 마셔요.
- **Get used to** it.
  그것에 익숙해져라.
- I **got used to** it now.
  이젠 나도 그것에 익숙해졌어요.

Review Quiz

1 used to와 didn't use to 중 알맞은 것을 쓰세요.

A Does your father smoke?
너희 아버지는 담배를 피우시니?

B He ____________ smoke a lot, but he quit last year.
예전에는 많이 피우셨는데 작년에 끊으셨어.

A Can you eat that spicy food?
그 매운 음식 먹을 수 있겠어요?

B I ____________ eat spicy food, but now I like it.
예전에는 매운 음식을 안 먹었지만 지금은 좋아해요.

2 보기에서 알맞은 표현을 골라 문장을 완성하세요.

보기 used to / get used to / got used to

Making speeches in public was very hard, but I soon ____________ it.
대중 앞에서 연설하는 것이 무척 힘들었지만, 나는 곧 그 일에 익숙해졌다.

I ____________ work for a company, but now I run my own store.
나는 예전에 회사에서 일을 했었는데, 지금은 내 가게를 운영한다.

He moved to a big city last year, but he still can't ____________ city life.
그는 작년에 큰 도시로 이사 갔지만, 여전히 도시 생활에 익숙해지지 못한다.

단어
smoke 담배 피우다 spicy 매운 speech 연설 run 운영하다

정답 1. used to / didn't use to
2. got used to / used to / get used to

정도를 나타내는 부사

어떻게, 어느 정도로, 얼마나 자주

Risa I **usually** eat lunch at 12.

Sally Do you **always** eat here?

Risa I come here **sometimes**.

Sally I **always** come here.

Risa 저는 대개 12시에 점심을 먹어요. **Sally** 늘 여기에서 먹나요? **Risa** 가끔 와요. **Sally** 저는 항상 여기에 와요.

회화에서 뽑은 문법

동사나 형용사를 '어떻게' 하는지, '어느 정도'인지, '얼마나 자주'인지와 같이 구체적이고 정확하게 **설명해 주기 위해서** 쓰는 것이 부사입니다. a little bit(약간), well(잘, 훌륭하게), quite(대단히), so(무척), much(많이) 등 정도를 나타내는 부사는 잘 알려져 있죠. 또 always(항상), usually(대개), sometimes(가끔) never(결코 ~가 아닌) 등 빈도를 나타내는 부사는 보통 문장 맨 앞이나 동사의 앞 또는 뒤에 붙여 말합니다. **형용사에 -ly**를 붙이면 '~하게'라는 뜻의 부사가 되기도 하니 참 편리하죠? late(늦게), fast(빠르게), hard(열심히) 같은 단어들도 형용사뿐 아니라 부사로도 자주 쓰입니다.

- Jane sings **well**.
  제인은 노래를 잘 불러요.
- John works **hard**.
  존은 일을 열심히 합니다.
- I speak Japanese **a little bit**.
  저는 일본어를 약간 할 줄 압니다.
- I **always** get up at 7 a.m.
  저는 항상 아침 7시에 일어납니다.
- I **sometimes** eat pizza for lunch.
  저는 가끔 점심으로 피자를 먹어요.
- They lived **happily** ever after.
  그들은 그 이후로 행복하게 살았습니다.

Review Quiz

1 **괄호 안에서 알맞은 부사를 골라 문장을 완성하세요.**

She is a strict vegetarian, so she ________ eats meat. (usually / often / never)

그녀는 엄격한 채식주의자이다, 그래서 고기를 절대로 먹지 않는다.

He cooks pretty ________, but he prefers eating out. (good / well / excellent)

그는 요리를 꽤 잘하지만, 외식하는 것을 더 좋아한다.

I missed the beginning of the movie because I arrived ________ at the theater. (late / lately / slowly)

나는 극장에 늦게 도착했기 때문에 영화 시작 부분을 놓쳤다.

2 **보기에서 알맞은 표현을 골라 문장을 완성하세요.**

보기 usually / fast

A What time do you get up in the morning?
아침에 몇 시에 일어나세요?

B I ________ get up at 7.
저는 보통 7시에 일어나요.

A How did the accident happen?
그 사고는 어쩌다 일어난 거예요?

B James drove too ________.
제임스가 차를 너무 빨리 몰았어요.

단어
strict 엄격한 vegetarian 채식주의자 pretty 꽤 prefer 선호하다 arrive 도착하다

정답 1. never / well / late
2. usually / fast

현재 진행형

~하고 있는 중이에요

Dad **Are** you **doing** your homework?

Son No, I'm not. I**'m eating**.

I'm having lunch right now.

Dad Okay. Don't forget to do homework.

Dad 지금 숙제하고 있니? **Son** 아니에요. 먹는 중이에요. 지금 점심 먹고 있어요. **Dad** 알았다. 숙제하는 거 잊지 마.

회화에서 뽑은 문법

현재 어떤 행동을 하는 중이라고 말할 때는 현재 진행형으로 말하면 됩니다. **'주어+be동사+동사ing'**의 형태로 말합니다. 의문문은 'Are you+동사ing?', 'Is she+동사ing?'처럼 be동사로 시작해서 물어보면 되죠. 그에 'Yes, 주격대명사+be동사' 또는 'No, 주격대명사+be동사+not'으로 대답할 수 있습니다. 지금 당장 하고 있는 일이 아니더라도 **요즘 계속되고 있는 상황**을 강조해서 말할 때도 현재 진행형으로 말하기도 합니다. 사물이나 상황을 주어로 하기도 하는데, 상태나 감정은 현재 진행형으로 표현할 수 없으니 주의하세요.

- I **am writing** a book.
  전 지금 책을 쓰고 있는 중입니다.
- John **is driving**.
  존은 운전 중이에요.
- Jane **is** always **complaining**.
  제인은 늘 불평불만이에요.
- **Are** you **working** right now?
  지금 일하고 있는 중인가요?
- Economy **is getting** better.
  경기가 나아지고 있습니다.
- They **are trying** to help each other.
  그들은 서로를 도우려고 애쓴답니다.

Review Quiz

1 보기에서 알맞은 동사를 골라 현재 진행형으로 문장을 완성하세요.

보기 talk / save / read / get

It ____________ colder. Put on your coat.
날씨가 추워지고 있어요. 외투 입어요.

I ____________ a detective novel these days.
나는 요즘 탐정 소설을 읽고 있다.

Jane ____________ money for a trip to Europe.
제인은 유럽 여행을 위해 돈을 모으고 있다.

I ____________ on the phone right now.
나 지금 전화 중이야.

2 괄호 안에 주어진 주어와 동사를 사용하여 질문을 완성하세요.

A ________________ a good time in New York?
(you / have)
뉴욕에서 즐거운 시간 보내고 있나요?

B Yes, I love this city.
네, 이 도시가 정말 마음에 들어요.

A ____________________ sandwiches for us?
(your mom / make)
너희 엄마가 우리를 위해 샌드위치를 만들고 계신 거니?

B Yes, her sandwiches are really delicious.
응, 우리 엄마 샌드위치는 정말 맛있어.

정답 1. is getting / am reading / is saving / am talking
2. Are you having / Is your mom making

과거 진행형

~하던 중이었어요

Eric We **were having** a great time in Jeju.
Then the storm **was coming**.

Rena So what did you do?

Eric We came back home the next day.

Eric 우리는 제주도에서 아주 즐거운 시간을 보내고 있었어. 그런데 태풍이 오고 있었던 거지.
Rena 그래서 너희들 어떻게 했어? **Eric** 우리는 그 다음 날 집으로 돌아왔어.

회화에서 뽑은 문법

과거 어느 시점에 하고 있던 일에 대해서 말할 때 과거 진행형을 씁니다. 주어에 맞게 **be동사를 과거형으로 쓰고, 이어서 동사에 -ing**를 붙여 말합니다. 주어가 1인칭 또는 3인칭 단수라면 be동사를 was로 쓰고, 2인칭 또는 복수라면 were를 씁니다. 추가로, 다른 어떤 행동을 하고 있을 때 동시에 일어나고 있던 행동을 말하려면 중간에 when(~할 때)으로 연결해서 이어 말하면 됩니다.

- I **was walking**. It **was raining**.
  난 걷고 있던 중이었어. 비가 오고 있었고.
- People **were** constantly **coming** in.
  사람들이 계속 들어오고 있었어요.
- We **were having** breakfast **when** you came.
  당신이 왔을 때 우리는 아침 식사를 하던 중이었어요.
- **When** I opened the door, the thief **was running** away.
  내가 문을 열었을 때 그 도둑은 도망치던 중이었어요.

Review Quiz

1 **보기에서 알맞은 동사를 골라 과거 진행형으로 문장을 완성하세요.**

보기 do / eat / drive

I __________ breakfast at 7 a.m. this morning.
나는 오늘 아침 7시에 아침을 먹고 있었다.

They __________ their homework when I came home.
그들은 내가 집에 왔을 때 숙제를 하고 있었다.

He __________ home from work around 9 p.m. last night.
그는 어젯밤 9시쯤 퇴근해서 운전해서 집으로 가고 있었다.

2 **다음 질문에 맞는 답변을 보기에서 고르세요.**

a. Was he writing the weekly report yesterday? ______
그는 어제 주간 보고서를 쓰고 있었나요?

b. Were you fighting with someone? ______
누구랑 싸우고 있었나요?

c. Was I staring at her in the face? ______
제가 그녀 얼굴을 빤히 쳐다보고 있었나요?

보기
① No, I was just talking with my friend.
아니요, 전 그냥 친구랑 얘기하고 있었어요.
② Yes, she looked a little embarrassed.
네, 그녀가 좀 당황한 것 같았어요.
③ No, he finished the report two days ago.
아니요, 그는 이틀 전에 그 보고서를 끝냈어요.

단어
stare 바라보다, 빤히 보다 embarrassed 당황한, 민망해하는

정답 1. was eating / were doing / was driving
2. a - ③ / b - ① / c - ②

미래 진행형

~하고 있을 거예요

Judy So what's your plan for March?

Sam I **will be traveling** in March.

Judy I see. **Will** you still **be working** in Korea in July?

Sam I **will** probably **be working** in Tokyo then.

Judy 그래 3월 계획은 뭐예요? **Sam** 저는 3월에 여행을 하고 있을 거예요. **Judy** 그렇군요. 당신은 7월에 여전히 한국에서 일하고 있을 건가요? **Sam** 그때는 아마 도쿄에서 일하고 있을 겁니다.

회화에서 뽑은 문법

미래에 어떤 행동을 하는 중일 거라고 얘기할 때에는 미래 진행형을 씁니다. 주어에 상관없이 **will be 다음에 동사에 -ing**를 붙여 말합니다. 미래 시점에 하고 있을 일을 말하는 것이므로 확실하지 않은 경우가 있기 때문에 probably(아마도), possibly(가능성 있게), maybe(어쩌면) 등과 같은 부사와 함께 쓰일 때가 있습니다.

- I **will be working out** at the gym then.
  저는 그때면 체육관에서 운동하고 있을 거예요.
- I'm sure **I'll be writing** another book in May.
  난 틀림없이 5월에는 또 다른 책을 쓰고 있을 거예요.
- John **will be staying** in Malaysia in February.
  존은 2월에 말레이시아에서 머물고 있을 겁니다.
- Jane **will** probably **be having** a vacation in February.
  제인은 아마 2월엔 휴가를 즐기고 있을 거예요.
- John **will** possibly **be preparing** for the job interview in July.
  존은 7월에 면접을 준비하고 있는 중일 수도 있어요.

Review Quiz

1 괄호 안에 주어진 동사를 사용하여 미래 진행형으로 문장을 완성하세요.

She ______________ in Africa next year. (travel)

그녀는 내년에 아프리카를 여행하고 있을 거예요.

They ______________ a meeting at 3 p.m. (have)

그들은 오후 세 시에 회의를 하고 있을 거예요.

Those boys ______________ at the Olympics in 2022. (play)

그 소년들은 2022년엔 올림픽 경기에서 뛰고 있을 거예요.

I ______________ in the music business after graduation. (work)

저는 졸업 후에 음악 업계에서 일하고 있을 거예요.

2 괄호 안에 주어진 단어들을 사용하여 미래 진행형 문장을 만들어 보세요.

______________ in March? (you / travel)

3월에 여행 중이실 건가요?

I will ______________ a party all day on Sunday. (possibly / host)

난 아마 일요일 내내 파티를 주재하고 있을 확률이 커요.

I will ______________ tons of essays during the weekend. (probably / review)

난 아마도 주말 내내 아주 엄청난 양의 에세이들을 검토하고 있을 거예요.

단어

graduation 졸업 tons of 수많은

정답 1. will be traveling / will be having / will be playing / will be working

2. Will you be traveling / possibly be hosting / probably be reviewing

1, 2인칭 주어의 현재완료

~해 왔어요

Interviewer So tell us about how you started the company together.

Suzie I started this company ten years ago. I **have worked** with Jenny for 7 years.

Jenny We **have come** a long way together.

Interviewer 자, 두 분이 어떻게 회사를 같이 만드셨는지 말씀해 주시죠. **Suzie** 저는 10년 전에 이 회사를 시작했어요. 제니와는 7년간 일해 왔죠. **Jenny** 우리는 함께 긴 과정을 겪어 왔어요.

회화에서 뽑은 문법

한국어에는 따로 없는 시제인데 현재완료 시제는 단순 과거시제와 달리 과거의 일이 지금까지 어떤 영향을 미치는지에 대해 자세히 알려 주는 시제입니다. 1, 2인칭 주어에 맞게 동사 **have를 쓰고 그 다음에 동사의 과거분사 형태**를 써 줍니다. '그렇지 않아 왔다'고 부정문을 만들려면 '주어+have not+과거분사'로 씁니다. 의문문으로 만들려면 'Have+주어+과거분사 ~?'형태로 씁니다. 그에 대한 대답은 'Yes, 주격대명사+have', 또는 'No, 주격대명사+have not(= haven't)'으로 대답하면 됩니다.

- I **lost** my wallet.
  나 지갑을 잃어버렸어. (과거에 지갑을 잃어버린 적이 있다는 사건 자체만을 의미)
- I **have lost** my wallet.
  나 지갑을 잃어버렸거든. (그 이후에 찾았다거나 지금 지갑이 없다는 결과를 의미)
- I **worked** for ABC.
  나는 ABC에서 일했었어. (과거에 ABC 회사에서 일한 적이 있었다는 것을 의미)
- I **have worked** for ABC.
  나는 ABC에서 일해 오고 있어. (과거부터 지금까지 일해 오고 있다는 의미)

Review Quiz

1 괄호 안에 주어진 동사를 사용하여 현재완료로 문장을 완성하세요.

A Do you know John?
존을 아세요?

B Yes, I __________ him since my schooldays. (know)
네, 학창시절부터 그와 알고 지내는 사이예요.

A Did you find your cell phone?
네 휴대폰 찾았어?

B No, I __________ it yet. (find)
아니, 아직 못 찾았어.

2 밑줄 친 부분 중 틀린 곳을 찾아 바르게 고치세요.

A Susan and you <u>went</u> to the same school.
수잔과 당신은 같은 학교에 다녔었죠.

B Yes, but I <u>didn't hear</u> from her since graduation.
네, 그런데 졸업 이후로 그 친구 소식은 듣지 못했어요.

A <u>Have you finished</u> the report? It's due today.
보고서는 끝냈나요? 오늘까지예요.

B Actually I <u>have finished</u> it yesterday.
사실 어제 끝냈어요.

정답 1. have known / haven't found
2. didn't hear → haven't heard / have finished → finished

MP3와 저자 강의를 들어 보세요

DAY 041~050

3인칭 주어의 현재완료

~해 왔어요

Zena John opened his own store in 1998.
Since then, he **has made** a lot of money.
But he **has** never **been** happy.

Jim Why?

Zena I think he **has been** too busy with no social life.

Zena 존은 1998년에 그의 가게를 열었어요. 그때 이후로 그는 많은 돈을 벌었죠. 그런데 그는 결코 행복했던 적이 없어요. **Jim** 왜죠? **Zena** 그는 너무 바빴고 그의 삶이 따로 없었던 것 같아요.

회화에서 뽑은 문법

주어가 3인칭 단수일 때에는 **'has+과거분사'**의 형태로 표현합니다. 사람뿐 아니라 사물이나 상황에 대해서 과거의 어떤 일이 현재까지 어떤 영향을 미치는지를 설명해 줍니다. 완료형 문장은 since(~이래로 내내)나 as(~함에 따라)와 같은 단어들이 함께 쓰일 수 있습니다.

- Science **has made** great progress.
  과학은 큰 발전을 이뤄 왔어요.
- Our relationship **has become** strong.
  우리의 관계는 강해졌어요.
- The weather **has been** strange.
  이상한 날씨 상태가 이어지고 있어요.
- The weather **has been** strange **since** a decade ago.
  날씨가 십 년 전 이래로 내내 이상해졌어요.
- The weather **has been** strange **as** the environment became more polluted.
  환경이 더욱 오염됨에 따라 날씨가 이상해졌어요.

1 괄호 안에 주어진 동사를 사용하여 현재완료로 문장을 완성하세요.

A She __________ in the Olympics twice. (compete)
그녀는 올림픽에 두 번 참가했어요.

B Yes, and she __________ two Olympic medals. (win)
네, 그리고 그녀는 두 개의 올림픽 메달을 땄죠.

A He __________ a lot in his career since 2002. (achieve)
그는 2002년 이후로 그의 경력에서 많은 것을 이루었어요.

B Yes, he __________ one of the most loved soccer players since then. (be)
네, 그는 그 이후로 가장 사랑받는 축구 선수 중 한 명이에요.

2 보기에서 알맞은 동사를 골라 질문을 완성하세요.

보기 decided / come / have / has

A __________ the electricity __________ back on yet?
전기가 들어왔나요?

B Yes, now we can use our computers.
네, 이제 우린 컴퓨터를 쓸 수 있어요.

A __________ they __________ what to do?
그들은 무엇을 할지 결정했나요?

B Not yet. They're still discussing.
아직 아니에요. 그들은 아직 논의 중이에요.

단어
career 경력 electricity 전기 discuss 논의하다

정답 1. has competed / has won / has achieved / has been
2. Has, come / Have, decided

미래를 나타내는 조동사 will과 부정문

~할 거예요, ~하지 않을 거예요

Max Everyone **will** be here in a minute.

Anna They **will** be hungry.

I **will** make some food for them.

Max Then I **will** clean the room.

Max 곧 모두 여기 도착할 거예요. **Anna** 그들은 배가 고플 거예요. 제가 음식을 좀 만들게요.
Max 그럼 저는 방을 청소할게요.

회화에서 뽑은 문법

앞으로 있을 일, 할 일에 대해서 말할 때는 인칭이나 수에 상관없이 주어 다음에 **'will+동사원형'**으로 말합니다. 반대로, 앞으로 하지 않을 것이라고 할 때는 will에 not을 붙이는데 짧게 줄여서 **won't**라고 합니다. won't는 고집스럽게 하지 않으려는 태도를 나타내기도 합니다. 앞으로 할 행동에 대해서 물을 때에는 Will로 시작해서 물어보면 되고, 공손하게 부탁할 때에도 **Will you ~?**로 표현할 수 있습니다.

- I **will** do my best.
  난 최선을 다할 겁니다.
- I **won't** tell anyone.
  난 누구에게도 말하지 않을 거예요.
- She **won't** listen.
  그 여자는 말을 듣지 않으려고 해요.
- **Will** you come to Seoul this summer?
  이번 여름에 서울에 올 건가요?
- **Will** you help me please?
  나를 좀 도와주시겠어요?

Review Quiz

1 빈칸에 will 또는 won't를 넣어 문장을 완성하세요.

I ______ go to that restaurant again. Their foods taste awful.
나는 그 식당에 다시는 가지 않을 겁니다. 그 집 음식 맛이 끔찍해요.

He is very busy, but he ______ try to spend more time with his children.
그는 아주 바쁘지만, 그의 아이들과 더 많은 시간을 보내려고 노력할 겁니다.

She ______ listen to anyone. She is so stubborn.
그녀는 누구의 말도 듣지 않을 거예요. 그녀는 아주 고집이 셉니다.

They performed very well this year. They ______ join the national team soon.
그들은 올해 훌륭하게 활약했어요. 그들은 곧 국가대표팀에 합류할 거예요.

2 보기에서 알맞은 동사를 골라 미래시제로 질문을 완성하세요.

보기 succeed / pass / invite

______ Sam to your birthday party?
당신의 생일 파티에 샘을 초대할 건가요?

______ her driving test this time?
그녀는 이번에 면허시험에 붙을까요?

______ in his business?
그는 자기 사업에서 성공할까요?

단어
awful 끔찍한 stubborn 고집 센 perform 활약하다, 공연하다 join 합류하다, 가입하다 succeed 성공하다

정답 1. won't / will / won't / will
2. Will you invite / Will she pass / Will he succeed

미래를 나타내는 표현 be going to, be -ing

앞으로 ~할 거예요

Mark **Is** John **going to** come to the party tonight?
Are you **going to** call him?

Evie Yes, I**'m going to** call John and ask him.
(after Evie called John) Yup, he**'s coming**.

Mark 존은 오늘 밤 파티에 오나요? 그에게 전화할 거예요? **Evie** 네, 존에게 전화해서 물어보려고요. (통화 후) 네, 온대요.

회화에서 뽑은 문법

비교적 곧 하게 될 일에 대해 말할 때 **'be동사+going to+동사원형'**의 형태로 말합니다. 이 형태는 종종 will과 차이 없이 쓰이기도 합니다. be동사는 인칭과 시제에 따라 바꿔 줘야 합니다. '~를 하려고 하나요?'라고 물어보려면 'be동사+주어+going to+동사원형 ~?'의 형태로 물어보면 됩니다. 확정된 미래의 일, 각오, 의지를 담아 말할 때는 be동사와 함께 동사에 -ing를 붙여서 현재 진행형으로 말하기도 합니다. 지금 하고 있는 행동을 말하는 것 같지만 미래에 할 일을 말하고 있다는 점에 주의하세요.

- I**'m going to(= will)** see a doctor today.
  저는 오늘 의사에게 진료를 받을 거예요.
- I **was going to** say that!
  내가 그 말을 하려고 했었는데!
- **Is** John **going to** apply for the job?
  존은 그 일자리에 지원할 건가요?
- The plane **is leaving** in 5 minutes.
  비행기가 5분 후에 떠납니다.
- We**'re hiring** more people next year.
  우리는 내년에 더 많은 사람들을 고용할 겁니다.

Review Quiz

1 괄호 안에 주어진 표현들을 사용하여 문장을 완성하세요.

I ______________ my team. (leave / be not -ing)
나는 나의 팀을 떠나지 않을 것이다.

He ______________ his mind. (change / be not going to)
그는 자신의 생각을 바꾸지 않을 것이다.

We ______________ in Seoul in 30 minutes. (arrive / be -ing)
우리는 30분 후에 서울에 도착할 것이다.

They ______________ him after work. (visit / be going to)
그들은 퇴근 후에 그를 방문할 것이다.

2 보기의 동사와 주어진 표현을 사용하여 질문을 완성하세요.

보기 come / get

A ______________ back home this year? (be -ing)
그녀는 올해 집으로 돌아오나요?

B No, she hasn't finished her studies yet in the U.S.
아니요, 그녀는 미국에서 아직 공부를 다 못 마쳤어요.

A ______________ married soon? (be going to)
그들은 곧 결혼할까요?

B Yes, they have already fixed the date for their wedding.
네, 그들은 이미 결혼 날짜도 정했어요.

단어
mind 생각, 마음　fix 확정하다

정답 1. am not leaving / is not going to change / are arriving / are going to visit
2. Is she coming / Are they going to get

미래완료

~에는 …했을 거예요

Molly I **will have graduated** from college next March.

Oscar Hopefully, I **will have gotten** a job by then.

Molly Oscar, you can do it!

Oscar Thanks, Molly. I'll do my best.

Molly 난 내년 3월이면 대학을 졸업했을 거야. **Oscar** 난 그때쯤에는 취직해 있기를 바라고 있어.
Molly 오스카, 넌 할 수 있어! **Oscar** 고마워 몰리. 최선을 다해 볼게.

회화에서 뽑은 문법

미래 어느 시점을 기준으로 그때쯤이면 어떤 상태가 되어 있을 것이라고 말할 때 미래완료를 씁니다. 주어에 상관없이 **will have 다음에 과거분사형**을 이어 말하면 됩니다. 상황이나 사물에 대해서는 수동태 미래완료형을 쓸 수 있습니다. 어떤 일이 동시에 일어나는 것을 말할 때 잘 쓰이는 연결고리는 by the time(그때쯤이면)인데요, '…가 ~하게 되는 때쯤이면, 늦어도'라는 뜻입니다.

- I **will have left** by the time you arrive here.
  네가 여기 도착할 즈음엔 난 이미 떠난 상태일 것이다.
- The job **will have been done** by the time you get back.
  당신이 돌아올 때쯤이면 그 일은 다 마쳐져 있을 겁니다.
- I **will have finished** this project by December.
  12월에는 이 프로젝트를 다 마친 상태가 되어 있을 거예요.
- The building **will have been built** by March.
  3월에는 이 건물이 다 지어져 있을 거예요.

Review Quiz

1 괄호 안에 주어진 동사를 사용해서 미래 완료형으로 문장을 완성하세요.

We ______________ this project by the end of this year. (finish)
우리는 올해 말이면 이 프로젝트를 다 끝냈을 것이다.

She ______________ here for 10 years by next month. (live)
그녀는 다음 달이면 여기서 산 지 10년이 될 것이다.

If I see the movie again, I ______________ it three times. (see)
그 영화를 한 번 더 보면 난 그 영화를 세 번 본 게 될 것이다.

He ______________ here by the time you come back. (leave)
당신이 돌아올 때쯤이면 그는 여길 떠났을 것이다.

2 보기에서 알맞은 동사를 골라 문장을 완성하세요.

보기 start / eat / study

She went to the U.S. for her study. She ______________ there for three years by next month.
그녀는 공부하러 미국으로 갔다. 다음 달이면 그곳에서 3년간 공부한 것이 된다.

If you come too late for the party, others ______________ all the food.
네가 파티에 너무 늦게 오면, 남들이 음식을 다 먹고 없을 거야.

We're already late. The movie ______________ when we get to the theater.
우린 이미 늦었어요. 우리가 극장에 도착하면 영화가 이미 시작했을 거예요.

정답 1. will have finished / will have lived / will have seen / will have left
2. will have studied / will have eaten / will have started

조동사 can

~할 수 있어요

Maria **Can** you **help** me move this box?

Tyler Sure. Oh, no, I **can't lift** this **up**.
It's too heavy. You **can ask** John for help.
I'm sure he **can do** it.

Maria 이 박스 옮기는 것 좀 도와줄래요? **Tyler** 그럼요. 이런, 들어 올릴 수가 없는걸요. 너무 무거워요. 존에게 도움을 청해 보면 될 거예요. 분명히 그는 할 수 있을 거예요.

회화에서 뽑은 문법

can은 **'~할 수 있다'**라는 뜻의 조동사입니다. 행동을 나타내는 동사 앞에 쓰여서 그 행동을 할 수 있다는 뜻으로 쓰죠. 이런 조동사들 다음에 오는 동사는 인칭이나 수에 상관없이 항상 원형을 씁니다. 반대로 **'~할 수 없다'고 할 때는 cannot 또는 can't**를 씁니다. 과거형은 could, 부정은 could not 또는 couldn't라고 말하면 됩니다. can은 이렇게 어떤 능력이 있다고 할 때 외에도, **허락을 구하고자 할 때**도 쓰입니다.

- I **can make** kimchi.
  나는 김치를 만들 수 있어요.
- Fortunately I **could arrive** on time.
  다행히 난 제시간에 도착할 수 있었죠.
- I **can't finish** this report until tomorrow.
  저는 이 보고서를 내일까지 끝낼 수 없어요.
- **Can** you **come over** for a second?
  잠깐만 이쪽으로 좀 와 줄래요?

Review Quiz

1 빈칸에 can, could 또는 couldn't를 넣어 문장을 완성하세요.

She was so mad that she ________ say a word.
그녀는 너무 화가 나서 한 마디도 할 수가 없었다.

Kelly ________ speak German because she has lived in Germany before.
켈리는 예전에 독일에서 살았기 때문에 독일어를 할 줄 안다.

He met her mother for the first time in his life, but he ________ recognize her.
그는 평생 처음 자신의 어머니를 만났지만, 어머니를 알아볼 수 있었다.

2 보기에서 알맞은 조동사와 동사를 골라 대화를 완성하세요.

보기 **동사** can / couldn't
조동사 sleep / ask

A Why are you so tired? Are you sick?
왜 그렇게 피곤하세요? 어디 아픈 거예요?

B It's because I ____________ at all last night.
어젯밤에 잠을 전혀 못 자서 그래요.

A Where can I find more paper for the copier?
복사 용지는 어디서 더 가져오나요?

B You ________ Sally.
샐리에게 물어보면 돼요.

단어
recognize 알아보다

정답 1. couldn't / can / could
2. couldn't sleep / can ask

조동사 must, should

~해야만 해요, ~하는 게 좋아요

Daughter **Must** I **come** back home early tonight?

Dad Yes, you **must be** home by 12 a.m.

Daughter Then I **should leave** the party by 11.

Daughter 오늘 밤에 집에 일찍 돌아와야만 하나요? **Dad** 너는 밤 12시 전까지는 집에 와 있어야만 해.
Daughter 그럼 저는 늦어도 11시에는 파티를 나와야겠네요.

회화에서 뽑은 문법

'반드시 ~해야만 한다'고 규칙이나 규정 등을 말할 땐 동사 앞에 조동사 must를 쓰고 뒤에는 동사원형을 씁니다. '~해서는 안 된다'고 부정문으로 강하게 말하려면 must not(= mustn't) 다음에 동사원형을 말하면 됩니다. must는 **강력한 추측**을 뜻하기도 해서 '틀림없이 ~일 것이다'라는 뜻으로 쓰이기도 하죠. must보다 조금 가벼운 강제성을 띤 조언에는 '~하는 게 좋겠다'는 뜻으로 조동사 should가 쓰일 수 있습니다. 부정문은 should not(= shouldn't)이고 마찬가지로 뒤에 동사원형을 써서 표현합니다. 또 should는 '당연히 ~일 것이다'라는 추측의 뜻도 있습니다.

- We all **must use** this restroom.
  우리는 모두 이 화장실을 써야만 합니다.
- You **must not eat** greasy food.
  당신은 기름진 음식을 먹어서는 안 됩니다.
- You **should be** proud.
  당신은 (당연히) 자랑스러우시겠어요.
- She **must be tired** by now.
  그녀는 지금쯤 피곤해 있겠네요.
- You **should exercise** regularly.
  당신은 규칙적으로 운동해야 합니다.
- You **should not skip** breakfast.
  아침 식사를 거르면 안 됩니다.

Review Quiz

1 괄호 안에서 올바른 표현을 골라 문장을 완성하세요.

You (should / will / must be) not drink too much coffee.
커피를 너무 많이 마시지 않는 게 좋겠다.

She looks pale. She (will / must not / must) be sick.
그녀는 창백해 보인다. 그녀는 아픈 것이 틀림없다.

Jane (will / must not / should) know how to fix it. She is the expert on computer programming.
제인은 그것을 어떻게 고치는지 알 거예요. 컴퓨터 프로그래밍에 전문가거든요.

You (should / must not / must be) drive when you're sleepy.
졸릴 때는 운전을 해서는 안 된다.

2 보기에서 알맞은 표현을 넣어 문장을 완성하세요. (같은 표현을 두 번 쓸 수 있습니다.)

보기 must / must not / must be

The project ________ completed by the end of this year.
그 프로젝트는 올해 말까지 완수되어야 한다.

When you drive, you ________ exceed the speed limit.
운전할 때는 제한 속도를 넘으면 안 된다.

When you travel abroad, you ________ carry passport.
해외여행을 할 때는 여권을 지니고 있어야 한다.

John ________ sleeping right now. He was very tired.
존은 지금 자고 있을 거예요. 무척 피곤해했거든요.

단어
pale 창백한 expert 전문가 complete 완수하다 exceed 초과하다

정답 1. should / must / should / must not
2. must be / must not / must / must be

조동사 may

~해도 됩니다, ~일 수도 있어요

Idan **May** I say something?

Daisy Sure, go ahead.

Idan You **may not** wear jeans at work.

Daisy Oh, sorry. I didn't know.

Idan 뭐 하나 말해도 될까요? **Daisy** 물론이죠, 말씀하세요. **Idan** 회사에서는 청바지를 입어서는 안 됩니다. **Daisy** 오, 죄송해요. 몰랐어요.

회화에서 뽑은 문법

may는 **'~해도 좋다'**라는 허락의 의미가 있습니다. 허락을 구하는 경우에는 'May I+동사원형 ~?'으로 묻습니다. 이에 대한 허락은 'Yes, 주어+may+동사원형', 거절은 'No, 주어+may not+동사원형'으로 대답합니다. may는 **'~일 수도 있다'**는 추측의 뜻으로도 쓰입니다. 앞에서 배운 must의 의미와 함께 '~해야 할지도 모른다'고 할 때는 어떻게 표현할까요? may와 must를 같이 쓸 수는 없습니다. 조동사 두 개를 나란히 쓸 수는 없게 되어 있으니까요. 그래서 must 대신 같은 뜻의 조동사구인 have to를 써서 **'주어+may have to+동사원형'**으로 씁니다.

- **May** I come in?
  들어가도 될까요?
- Children **may not** enter the hall.
  어린이들은 홀에 들어오면 안 됩니다.
- John **may** or **may not** come to the meeting.
  존은 그 회의에 올 수도 있고 안 올 수도 있어요.
- I **may have to** stop by at the convenient store.
  편의점에 들러야 할지도 모르겠어요.

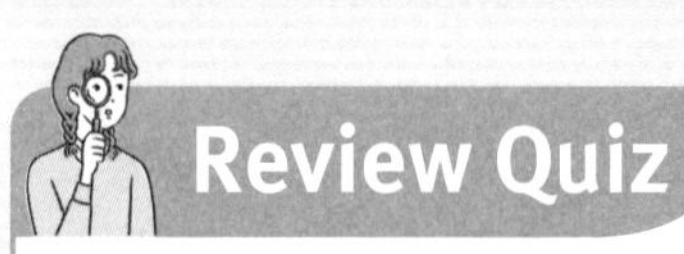

Review Quiz

1 보기에서 알맞은 동사를 골라 문장을 완성하세요.

보기 talk / change / enter / come

If it rains tomorrow, we may have to ________ our plans.
내일 비가 온다면 우리는 계획을 바꿔야 할지도 모릅니다.

Mr. Adams, may I ________ to you for a moment?
애덤스 씨, 잠깐 이야기 좀 나눌 수 있을까요?

This dream may ________ true in the near future.
이 꿈은 가까운 미래에 현실이 될지도 모릅니다.

You may not ________ the security area.
보안 구역에 들어오시면 안 됩니다.

2 다음 중 may의 의미가 같은 문장을 두 개씩 고르세요.

허락: ________ 추측: ________

a. Students may not use their cell phones in class.
학생들은 수업 시간에 휴대폰을 사용해서는 안 된다.

b. He may not want to know the truth.
그는 진실을 알고 싶지 않을 수도 있다.

c. I may have to move out this month.
나는 이번 달에 이사를 가야 할지도 모른다.

d. May I leave a little earlier today?
제가 오늘 좀 일찍 퇴근해도 될까요?

정답 1. change / talk / come / enter
2. a, d / b, c

조동사 의문문

조동사에 따라 의미가 달라지는 의문문

Kate **Will** you have dessert?

Bill Well, I'll just have coffee.

Kate **Can** we have coffee and ice cream?

Waiter Sure, anything else?

Kate 디저트 먹을 거야? **Bill** 음, 난 그냥 커피 마실게. **Kate** 커피랑 아이스크림 주문해도 될까요? **Waiter** 그럼요, 더 필요하신 게 있나요?

회화에서 뽑은 문법

조동사 의문문의 형태는 **'조동사+주어+동사원형 ~?'**이지만 조동사마다 쓰이는 의미와 기능이 다릅니다. 요청하거나 가능성을 물을 때에는 Can you ~?, Could you ~?(공손한 표현)가 많이 쓰입니다. Can I ~?는 상대방에게 양해, 허락을 구하는 표현입니다. May I ~?는 can에 비해 훨씬 더 공손하고 조심스럽게 허락을 구하는 말이죠. 마지막으로 Will you ~?는 상대방에게 가벼운 부탁을 하거나 미래에 할 일에 대해서 묻는 표현입니다.

- **Can you** move over a little bit?
  (좌석 등에서) 옆으로 좀 갈래요?
- **Could you** explain this to me?
  제게 이것을 설명 좀 해 주시겠어요?
- **Can I** sit here?
  제가 여기 앉아도 되나요?
- **May I** open it now?
  이걸 지금 열어 봐도 될까요?
- **Will you** check this list?
  이 리스트를 좀 확인해 주시겠어요?
- **Will you** sit on that chair?
  당신은 그 의자에 앉을 건가요?

Review Quiz

1 괄호 안에서 알맞은 단어를 골라 문장을 완성하세요.

(Can / Should) I try on this jacket?
이 재킷 좀 입어 봐도 될까요?

(May / Will) you move your car, please?
차 좀 빼 주시겠어요?

Could (I / you) give me your email address again?
이메일 주소를 다시 알려 주시겠어요?

(Should / May) I ask you some questions about your career?
경력에 대해 몇 가지 물어봐도 될까요?

2 보기에서 알맞은 표현을 골라 '조동사 + 주어 + 동사원형' 형태로 문장을 완성하세요.

보기		
	조동사	may / will
	동사원형	see / read

A ______________ that newspaper?
그 신문 읽으실 건가요?

B No, you can take it.
아니요, 가져가셔도 돼요.

A Excuse me. ______________ your driver's license?
실례합니다. 면허증 좀 보여 주시겠어요?

B Did I do anything wrong?
제가 뭐 잘못했나요?

driver's license 운전 면허증

정답 1. Can / Will / you / May
2. Will you read / May I see

원하거나 희망하는 것 표현하기 want to, hope to

~하기를 원해요, ~하기를 희망해요

Dean I **hope to see** you again.

Amy Me, too. Thanks for everything.

Dean Don't mention it. I **want to come back** to Korea someday.

Dean 또 만나게 되길 바라요. **Amy** 저도요. 모든 것에 감사해요. **Dean** 별 말씀을요. 언젠가 한국에 돌아오고 싶네요.

회화에서 뽑은 문법

want는 '원하다', hope는 '희망하다'라는 뜻으로 의미가 서로 비슷합니다. 이 뒤에 to 부정사를 이어 말하면 '~하기를 원하다', '~하기를 희망하다'라는 뜻이 되죠. 주어가 3인칭 단수라면 wants, hopes로 쓰고 과거형은 각각 wanted, hoped입니다. 이 두 단어 뒤에 명사를 이어서 '어떤 것을 원하다', '어떤 것을 희망하다'라고도 표현할 수 있습니다. want 다음에는 바로 명사가 올 수 있지만, **hope의 경우에는 뒤에 for를 함께 써야** 합니다. 명사나 단어가 아닌 조금 길게 희망하는 바를 말하려면 절로 연결해서 'hope+(that)+절(주어+동사~)'로 말할 수 있죠.

- I **want to talk** to you.
  난 당신에게 이야기하기를 원해요.
- I **wanted to buy** that car.
  난 저 차를 사고 싶었어.
- I **want** this.
  저는 이걸 원해요.
- I **hope to discuss** this with you.
  당신과 이 문제를 상의하고자 합니다.
- Let's **hope for** the best.
  우리 최선의 결과를 희망합시다.
- I **hope (that)** you enjoy the show.
  저는 여러분이 공연을 즐기시기를 바랍니다.

Review Quiz

1 괄호 안에서 올바른 표현을 골라 문장을 완성하세요.

I (hope / want) this cold winter ends soon.
나는 이 추운 겨울이 곧 끝나기를 바란다.

They have four kids, so they (hope / want) a bigger car.
그들은 아이가 넷이라서 더 큰 차를 원한다.

He (hopes to / hopes for) climb the highest mountain in the world.
그는 세계에서 가장 높은 산에 오르기를 희망한다.

2 보기에서 알맞은 표현을 골라 문장을 완성하세요.

보기 hope / hopes for / want / wanted to

I ______ you two are very happy together.
나는 너희 둘이 함께 매우 행복하길 바란다.

He ______ democracy and freedom in his country.
그는 나라의 민주주의와 자유를 희망합니다.

Jenny ______ become a ballerina, but she gave up because of injury.
제니는 발레리나가 되고 싶었지만, 부상 때문에 포기했다.

My computer is too old. I ______ one of the latest models.
내 컴퓨터는 너무 오래됐어요. 그래서 저는 최신형 컴퓨터를 원해요.

단어
democracy 민주주의 freedom 자유 country 나라 injury 부상

정답 1. hope / want / hopes to
2. hope / hopes for / wanted to / want

해야 하는 일 말하기 have to

~해야 해요

Lucas Now we **have to** leave.
I **have to** get up early tomorrow.

Mia Who will drive?

Lucas John **has to** drive.

Mia Okay.

Lucas 우리 이제 떠나야 해. 나 내일 일찍 일어나야 하거든. **Mia** 누가 운전할 거야? **Lucas** 존이 운전해야 해. **Mia** 좋아.

회화에서 뽑은 문법

어떤 일을 해야 한다고 말할 때 have to를 사용해서 **'주어+have to+동사원형'**으로 말합니다. 주어가 3인칭 단수라면 has to라고 하겠죠? have to는 must에 비해 강제성이 약하고 주로 의무적인 일에 대해 말할 때 씁니다. 과거시제는 had to입니다. 반대로 '~할 필요가 없다'고 하려면 have not to가 아니라 don't(doesn't) have to라고 해야 한다는 점을 유의해야 합니다. 마지막으로 어떤 일을 해야 할 필요가 있는지 물어보려면 'Do/Does+주어+have to+동사원형 ~?'으로 의문문을 만듭니다.

- We **have to get up** early.
  우린 일찍 일어나야 해요.
- We **had to cancel** the plan.
  우리는 그 계획을 취소해야 했죠.
- I **don't have to go** to work today.
  오늘은 일하러 가지 않아도 돼요.
- She **doesn't have to come**.
  그녀는 오지 않아도 됩니다.
- **Do** I **have to** call him?
  내가 그에게 전화해야 하는 건가요?
- **Does** Jane **have to** come again?
  제인은 다시 여기 와야 하는 건가요?

Review Quiz

1 보기에서 알맞은 표현을 골라 문장을 완성하세요.

보기 have to / has to / had to / don't have to

We still have plenty of time. You ______________ rush.
우린 아직 시간이 많아요. 서두를 필요 없어요.

Last month, John __________ be in the hospital because of a car accident.
지난달에 존은 교통사고 때문에 병원에 입원했어야 했다.

I __________ correct the mistakes in this report.
나는 이 보고서의 오류를 수정해야 합니다.

Everyone __________ wear a safety helmet in this factory.
이 공장에서는 모두 안전모를 착용해야 합니다.

2 주어진 문장을 의문문으로 바꿔 보세요.

Mike has to attend the meeting. 마이크는 회의에 참석해야 한다.
→ ______________________________ 마이크는 회의에 참석해야 하나요?

I have to wait for him here. 나는 여기서 그를 기다려야 한다.
→ ______________________________ 제가 여기서 그를 기다려야 하나요?

You have to work late today. 당신은 오늘 늦게까지 일해야 합니다.
→ ______________________________ 당신은 오늘 늦게까지 일해야 하나요?

단어
plenty of 많은 rush 서두르다 correct 정정하다, 수정하다 attend ~에 참석하다 wait for ~를 기다리다

정답 1. don't have to / had to / have to / has to
2. Does Mike have to attend the meeting? / Do I have to wait for him here? / Do you have to work late today?

MP3와 저자 강의를 들어 보세요

DAY 051~060

DAY 051 해야 하는 일 말하기 have got to
~하지 않을 수 없어요, ~해야 해요

DAY 052 'What+be동사' 의문문
~는 무엇인가요?

DAY 053 'What+do동사' 의문문
무슨 ~을 하나요?

DAY 054 'When+be동사' 의문문
언제 ~인가요?

DAY 055 'When+do동사' 의문문
언제 ~하나요?

DAY 056 'Who+be동사' 의문문
~는 누구죠?

DAY 057 'Who+do동사' 의문문
누가 ~하나요?

DAY 058 'Where+be동사' 의문문
~는 어디에 있나요?, ~는 어디인가요?

DAY 059 'Where+do동사' 의문문
어디에서 ~하나요?

DAY 060 'Why+be동사' 의문문
왜 ~인가요?

해야 하는 일 말하기 have got to

~하지 않을 수 없어요, ~해야 해요

Marc Do you really have to go now?

Rosie Yes, I **have got to go** now.

I**'ve got to go** to the market and get some dog food. I should not forget this time.

Marc 정말 지금 가야 하는 거야? **Rosie** 응, 난 이제 가야 해. 마켓에 가서 개 사료를 사야 해. 이번엔 정말 잊어버리면 안 되거든.

회화에서 뽑은 문법

have/has got to는 '어떤 일을 하지 않을 수 없다', '해야만 한다'는 뜻의 조동사구입니다. have to와 거의 같은 의미죠. 종종 앞에 나오는 **주어와 축약해서 've 또는 's**로 씁니다. must나 should보다는 강제성이 약하지만 실제로 구어체에서 아주 자주 쓰이는 표현입니다. 반대로 어떤 일을 해서는 안 된다고 할 때는 must not보다는, 비교적 강제성이 적은 should not을 쓸 수 있습니다. '꼭 ~해야 하나요?'라고 물어볼 때는 'Do/Does+주어+have to ~?'로 물어보면 됩니다.

- You**'ve got to do** what you**'ve got to do**.
  꼭 해야 할 일이라면 꼭 해야죠.
- Jane **has got to do** it herself.
  제인은 그 일을 스스로 해야 해요.
- John's brother **has got to deal with** the problem himself.
  존의 형은 그 문제를 스스로 처리해야만 해요.
- **Do** you **have to leave** so early?
  그렇게 일찍 가셔야 하나요?
- **Does** Jane **have to stay** here?
  제인은 꼭 여기 있어야 하나요?

Review Quiz

1 **보기에서 알맞은 표현을 골라 문장을 완성하세요.**

보기 She's got / You've got / You shouldn't

You don't have time. ________ to do something now.
시간이 없어. 넌 지금 뭔가를 해야 해.

________ do too much exercise. It's bad for your health.
너무 과한 운동을 하면 안 됩니다. 그건 건강에 나빠요.

This is her problem. ________ to solve it herself.
이것은 그녀의 문제예요. 그녀가 스스로 해결해야 해요.

2 **뒤에 이어지는 말을 보기에서 골라 문장을 완성해 보세요.**

a. If you want to meet James in his office, ______
제임스를 그의 사무실에서 만나고 싶으시다면

b. When I speak to her seriously, she always says ______
내가 그녀에게 진지하게 말을 하면, 그녀는 항상

c. She has got to be stronger ______
그녀는 더 강해져야 해요.

보기
① 'You've got to be joking.'
'농담하는 거겠죠'라고 말해요.
② you've got to be back by 5 p.m.
오후 5시까지는 돌아오셔야 합니다.
③ to live in this harsh world.
이 험한 세상에서 살아가려면요.

단어
solve 해결하다, 풀다 herself 그녀 스스로 seriously 진지하게, 심각하게 harsh 험한, 가혹한, 냉혹한

정답 1. You've got / You shouldn't / She's got
2. a - ② / b - ① / c - ③

'What+be동사' 의문문

~는 무엇인가요?

Brady **What are** you doing?

Suzy I'm installing new apps.

Brady I see. **What is** this one?

Suzy It's a free music app.

Brady 뭐 해? **Suzy** 새 앱들을 설치하고 있는 중이야. **Brady** 그렇구나. 이건 뭔데?
Suzy 그건 무료 음악 앱이야.

회화에서 뽑은 문법

어떤 상황이나 물건 등에 대해서 그게 무엇인지 물어볼 때 의문사 what이 등장합니다. **'What+be동사+대상 ~?'**이라고 물어보면 '그것(대상)은 무엇인가요?'라는 의미가 되죠. 이에 This is ~, That is(That's) ~, 또는 It is(It's) ~로 대답하면 됩니다. 그리고 what 다음에 명사가 와서 '무슨 ~?'이라고 쓰이는 경우도 있습니다. What book?(무슨 책?), What color?(무슨 색?)처럼요. 또 what을 이용해서 **'What+be동사+대상+동사ing?'**로 말하면 '~는 지금 뭘 하고 있는 중인가요?'처럼 현재 하는 일을 물어보는 의문문이 됩니다.

- **What is** this?
  이건 뭔가요?
- **This is** a new notebook.
  그건 새 노트북 컴퓨터예요.
- **It's** a present for John.
  그건 존을 위한 선물이에요.
- **What color is** this?
  이게 무슨 색깔인가요?
- **What is** Jane **doing**?
  제인은 뭘 하는 중인가요?
- **What book were** you **reading**?
  무슨 책을 읽던 중이었나요?

Review Quiz

1 'What + be동사' 형태의 의문문을 사용하여 대화를 완성하세요.

A ______________ doing now?
너 지금 뭐 하고 있니?

B I'm eating lunch.
점심 먹고 있어.

A ______________ happening to Susan?
수잔에게 무슨 일이 일어나고 있는 거죠?

B I don't know. She looks worried these days.
모르겠어요. 그녀는 요즘 걱정스러워 보여요.

2 다음 질문에 맞는 답변을 보기에서 고르세요.

a. What is your plan for the weekend? ________
주말 계획이 뭔가요?

b. What are you having for lunch now? ________
지금 점심으로 뭘 먹고 있어요?

c. What book are you reading these days? ________
요즘 무슨 책을 읽고 있어요?

보기
① I'm reading Hamlet.
전 「햄릿」을 읽고 있어요.
② I'm going to see a movie with my friends.
저는 친구들과 영화를 볼 거예요.
③ I'm having Chinese food.
전 중국 음식을 먹는 중이에요.

단어
worried 걱정스러워 하는, 걱정하는　have 먹다, 식사하다

정답 1. What are you / What is
2. a - ② / b - ③ / c - ①

'What+do동사' 의문문

무슨 ~을 하나요?

Olga **What do** you do?

Alan I work at a computer company.

Olga **What do** you usually do on the weekend?

Alan I go hiking.

Olga 무슨 일을 하세요? **Alan** 저는 컴퓨터 회사에서 일해요. **Olga** 주말엔 대개 뭘 하시나요? **Alan** 저는 등산을 해요.

회화에서 뽑은 문법

어떤 일이나 어떤 행동을 하고 있는지 물어볼 때 what과 do동사를 사용해서 물어볼 수 있습니다. **'What+do/does/did+대상+일반동사 ~?'**의 형태로 물어보면 '그 대상은 무엇을 ~하나요/했나요?'라는 의미가 되죠. 현재형으로 물어보면 평소에 주로 무엇을 하는지 또는 직업을 묻는 말이 됩니다. 평소 습관을 묻는다면 부사 usually(보통)가 함께 쓰이기도 하지요. 일반동사 뒤에 to부정사를 추가해서 물어보면 '무엇을 ~하기를 …하는가?'라는 의미의 의문문을 만들 수도 있습니다.

- **What do** you **do**?
  직업이 뭔가요?
- **What does** she **like**?
  그녀는 무엇을 좋아하나요?
- **What does** Jane **want**?
  제인은 무엇을 원하나요?
- **What did** he **do** in Paris?
  그는 파리에서 무엇을 했나요?
- **What do** you **like to read**?
  당신은 무엇을 읽는 것을 좋아하나요?
- **What do** you **want to have** for lunch?
  당신은 점심 식사로 뭘 먹기를 원하나요?

Review Quiz

1 괄호 안에 주어진 주어와 동사를 사용하여 의문문을 완성하세요.

A What ______________ last weekend? (you / do)
지난 주말에 뭐 했어요?

B I went shopping with my sister.
저는 동생이랑 쇼핑했어요.

A What ______________ to know about Sam? (she / want)
그녀는 샘에 대해 뭘 알고 싶어 하나요?

B She wants to know about his career.
그의 경력에 대해 알고 싶어 해요.

2 다음 질문에 맞는 답변을 보기에서 고르세요.

a. What did he give you for your birthday? ______
그가 당신 생일에 뭘 줬나요?

b. What do your parents do for a living? ______
당신의 부모님은 무슨 일을 하시나요?

c. What does your company make? ______
당신의 회사는 무엇을 만드나요?

보기
① They are teachers.
두 분 다 선생님입니다.
② It is a famous car company in Korea.
한국에서 유명한 자동차 회사예요.
③ He gave me a nice muffler.
내게 멋진 목도리를 줬어요.

단어
about ~에 대한, ~에 관한 career 직업, 직장 생활, 경력 for a living 생계수단으로, 직업으로 famous 유명한

정답 1. did you do / does she want
2. a - ③ / b - ① / c - ②

'When+be동사' 의문문

언제 ~인가요?

Hana **When is** your birthday?

Chris It's March 15th.

Hana **When were** you born? Was it 1989?

Chris No, I was born in 1988.

Hana 생일이 언제야? **Chris** 3월 15일이야. **Hana** 네가 언제 태어났지? 1989년이던가? **Chris** 아니, 1988년에 태어났어.

회화에서 뽑은 문법

'언제인지', '언제였는지' 물을 때 **의문사 when**을 사용합니다. 'When+be동사+주어 ~?'(~는 언제인가요?) 또는 'When+be동사+주어+형용사 ~?'(언제 ~인가요?)의 형태로 의문문을 만들죠. **과거의 일을 물으려면 was나 were**를 사용하면 됩니다. 수동태를 활용해서 'When+be동사+주어+과거분사 ~?'로 표현하면 '주어가 언제 ~되었는지'를 묻는 표현을 만들 수 있습니다. when 대신 구체적으로 What time(몇 시에), What year(몇 년도에), What month(몇 월에) 등으로 자세하게 물어볼 수도 있습니다.

- **When is** the party?
  파티는 언제인가요?
- **When is** the report **due**?
  보고서 기한은 언제인가요?
- **When was** the wedding?
  결혼식이 언제였죠?
- **When was** this wall **built**?
  이 벽은 언제 세워졌나요?
- **When was** the president **elected**?
  그 대통령은 언제 당선됐나요?
- **What year were** the last Olympics **held**?
  지난 올림픽 경기는 어느 해에 개최되었나요?

Review Quiz

1 'When + be동사' 형태의 의문문을 사용하여 대화를 완성하세요.

A ______________ you born?
당신은 언제 태어났나요?

B I was born on March 1, 1990.
전 1990년 3월 1일생입니다.

A ______________ the most convenient time for you?
가장 편한 시간이 언제인가요?

B I am free after 3 p.m.
전 오후 3시 이후에 한가합니다.

2 다음 질문에 맞는 답변을 보기에서 고르세요.

a. When are you most relaxed? ______
당신은 언제 가장 마음이 여유롭나요?

b. When is your marketing report due? ______
마케팅 보고서 기한이 언제까지인가요?

c. When was this house built? ______
이 집은 언제 지어졌나요?

보기
① I have to finish it within today.
오늘 안에 끝내야 해요.
② It was built almost ten years ago.
거의 10년 전에 지어졌어요.
③ I feel so happy when I'm with my puppy.
강아지와 있을 때 가장 행복함을 느껴요.

단어
be born 태어나다 convenient 편리한, 간편한 relaxed 느긋한, 여유 있는 due ~하기로 되어 있는 within ~이내에

정답 1. When were / When is
2. a - ③ / b - ① / c - ②

'When+do동사' 의문문

언제 ~하나요?

Sam **When do** you usually go to the gym?

Ella I usually go after dinner.

Sam I see. So **when did** you have dinner?

Ella An hour ago.

Sam 보통 언제 체육관에 가? **Ella** 대개 저녁 식사 후에 가. **Sam** 그렇군. 그럼 저녁은 언제 먹었어? **Ella** 한 시간 전에.

회화에서 뽑은 문법

'언제 ~을 하는지'는 **'When+do동사+주어+(구)동사 ~?'**의 형태로 물어봅니다. 이때 과거에 '언제 ~을 했는지'에 대해 묻고 싶다면 do나 does 대신 did로 묻습니다. 이 뒤에 to부정사가 와서 의미를 확장할 수 있고, when 대신 구체적인 시기를 묻기 위해 What month(몇 월에), What year(몇 년도에), What day(무슨 요일에) 등 **'What+명사 ~?'**로 물어볼 수 있습니다.

- **When do** you **go** to work?
  당신은 언제 일하러 가나요?
- **When does** John **come** to tutor you?
  존은 당신에게 언제 개인 교습하러 오나요?
- **When did** this **happen**?
  이 일은 언제 일어났나요?
- **When did** you **ask** Jane **to come** at 4?
  언제 제인에게 4시에 오라고 부탁했니?
- **What year did** you **visit** Rome?
  당신은 어느 해에 로마를 방문했나요?

Review Quiz

1 'When + do동사' 형태의 의문문을 사용하여 대화를 완성하세요.

A ______________ come home?
당신의 부모님은 언제 집에 오시나요?

B They will be back tomorrow.
부모님은 내일 돌아오실 거예요.

A ______________ start your new job?
새 직장 일은 언제 시작하세요?

B Today is the first day of my new job.
오늘이 새 직장 첫날이에요.

2 괄호 안에 주어진 동사를 사용하여 의문문을 완성하세요.

A When ______________ to visit my office? (want)
언제 제 사무실을 방문하고 싶으세요?

B I want to visit there tomorrow afternoon.
내일 오후에 방문하고 싶습니다.

A When ______________ breakfast every day? (eat)
그녀는 매일 언제 아침을 먹나요?

B She usually eats breakfast at 7 a.m.
그녀는 보통 오전 7시에 아침을 먹습니다.

정답 1. When do your parents / When do you
2. do you want / does she eat

'Who+be동사' 의문문

~는 누구죠?

John **Who is** that guy over there?

Jane He's the new guy at the marketing department.

John Then **who is** that woman standing near the door?

Jane She's his assistant.

John 저쪽에 있는 저 남자는 누구야? **Jane** 마케팅 부서에 새로 온 사람이야. **John** 그럼 문 근처에 서 있는 여자는 누구야? **Jane** 그녀는 그의 조수래.

회화에서 뽑은 문법

저 사람 혹은 그들이 누구인지 궁금할 때 의문사 who로 물어봅니다. **'Who+be동사+대상 ~?'**의 순으로 말하죠. 가리키는 대상이 단수라면 Who is, 복수라면 Who are로, 과거의 인물에 관해서 묻는다면 was 또는 were로 물어보면 됩니다. 대답할 때는 질문에 나왔던 대상을 주어로 말하면 되는데, 비교적 가까이 있는 사람은 This is ~, 멀리 있는 사람은 That is(That's) ~라고 표현할 수도 있습니다. 더욱 구체적으로 그 사람의 상태, 위치 등에 대해서 덧붙여서 말할 수도 있는데요. 이때 하고 있는 행동을 덧붙여 말하고자 한다면 동사ing 형태로 이어 말합니다.

- **Who is** that girl?
  저 소녀는 누구죠?
- **Who are** these boys in the picture?
  사진 속의 이 소년들은 누군가요?
- **Who was** your English teacher?
  너의 영어 선생님은 누구셨니?
- **Who is** this young man **having** coffee by himself?
  혼자서 커피를 마시고 있는 이 젊은 남자는 누구인가요?

Review Quiz

1 'Who + be동사' 형태의 의문문을 사용하여 대화를 완성하세요.

A __________ the woman next to Mr. Jackson?
잭슨 씨 옆에 있는 여자는 누구인가요?

B She is his fiancée.
그녀는 그의 약혼녀입니다.

A __________ those people in the conference room?
회의실에 있는 저들은 누구인가요?

B They are our important clients.
그들은 중요한 우리 고객들이에요.

2 다음 질문에 맞는 답변을 보기에서 고르세요.

a. Who is your favorite soccer player? ______
제일 좋아하는 축구 선수는 누구인가요?

b. Who are you working with? ______
당신은 누구와 일합니까?

c. Who was chosen as a representative? ______
누가 대표로 뽑혔나요?

보기 ① Mark will represent us at the conference.
마크가 회의에서 우리를 대표할 거예요.

② I like Lionel Messi most.
전 리오넬 메시를 가장 좋아해요.

③ I work alone.
저는 혼자 일해요.

단어
next to ~바로 옆에 fiancee 약혼녀 important 중요한 client 고객, 의뢰인 representative 대표(자)

정답 1. Who is / Who are
2. a - ② / b - ③ / c - ①

'Who+do동사' 의문문

누가 ~하나요?

Garry **Who wants** some pie?

Rina I want some! Thanks.

Who made this delicious pie?

Garry My mom did. She's a wonderful chef.

Garry 누구 파이 좀 먹고 싶어? **Rina** 나 좀 줘! 고마워. 이 맛있는 파이는 누가 만든 거야?
Garry 우리 엄마가 만드셨어. 엄마는 훌륭한 요리사거든.

회화에서 뽑은 문법

누가 어떤 행동을 하는지 또는 했는지 물어볼 때도 who로 물어볼 수 있습니다. 이번엔 행동에 대해서 묻는 것이니 뒤에 일반동사를 이어 말하면 됩니다. 이때 who는 단수로 보기 때문에 뒤에 오는 동사에는 -s나 -es를 붙여야 합니다. 과거시제는 do동사나 일반동사를 과거형으로 바꿔 말하면 됩니다. **'Who+동사+목적어 ~?'**의 순서로 묻는데, 목적어 자리에 to부정사가 오기도 합니다. '누구를 ~하는지' 또는 '~했는지'처럼 who가 **목적어 역할을 할 때는 whom**으로 물어야 하지만 대개는 그냥 who로 묻는다는 것도 참고하세요.

- **Who wants** some cookies?
  누가 과자를 원하나요?
- **Who wants to have** some dessert?
  누가 디저트 먹는 걸 원할까요?
- **Who likes to read** novels?
  누가 소설 읽는 거 좋아하나요?
- **Who called** John?
  누가 존한테 전화했어요?
- **Who/Whom does** Jane like?
  제인은 누구를 좋아하는 거죠?
- **Who/Whom did** you meet?
  당신은 누구를 만났나요?

Review Quiz

1 'Who + do동사' 형태의 의문문을 사용하여 대화를 완성하세요.

A __________ you borrow that book from?
그 책 누구한테 빌린 건가요?

B I borrowed this from Jane.
제인에게 빌렸어요.

A __________ not want to change the meeting date?
회의 날짜를 바꾸고 싶지 않은 사람은 누구인가요?

B We all agree to change it.
우린 모두 바꾸는 데 찬성합니다.

2 괄호 안에 주어진 동사를 사용하여 의문문을 완성하세요.

A Who __________ to spend her vacation with? (want)
그녀는 누구와 함께 휴가를 보내고 싶어 하나요?

B She wants to spend her vacation alone.
그녀는 휴가를 혼자 보내고 싶어 합니다.

A Who __________ lunch with today? (eat)
그들은 오늘 누구와 점심을 먹었나요?

B They had a working lunch with the marketing team.
그들은 마케팅 팀과 함께 일하면서 점심을 먹었어요.

단어
borrow 빌리다 spend (시간을) 보내다, (돈을) 쓰다

정답 1. Who did / Who does
2. does she want / did they eat

'Where+be동사' 의문문

~는 어디에 있나요?, ~는 어디인가요?

Ryan **Where is** Gyeongbokgung Palace located?

Amy It's located in the heart of Seoul.

Ryan I see. Then **where is** the City Hall?

Amy It's across the street.

Ryan 경복궁은 어디에 있어? **Amy** 서울 중심에 있어. **Ryan** 아. 그럼 시청은 어디 있지?
Amy 길 건너에 있어.

회화에서 뽑은 문법

사물이나 사람의 위치를 물을 때에는 의문사 where로 시작합니다. **'Where+be동사+주어 ~?'**의 순으로 묻는데, 주어가 단수이면 am, is 복수이면 are로 묻고, 과거의 일이라면 was나 were로 묻습니다. 과거부터 지금까지 이어져 오는 일에 대한 장소를 묻고자 한다면 현재완료형(참고 Day40, 41)을 쓰기도 하죠. 또 'Where+be동사+주어+과거분사 ~?'는 '어디에서 …가 되나요?'라는 의미인데, 주로 무언가가 어디에서 만들어지거나 어떤 상태가 되는 것에 대해 묻는 말입니다. 또 현재 진행되고 있는 일에 대한 장소를 물으려면 'Where+be동사+주어+동사ing?'로 물으면 됩니다.

- **Where is** John?
  존은 어디 있나요?
- **Where were** you all morning?
  아침 내내 당신은 어디 있었나요?
- **Where is** the meeting **held**?
  회의는 어디에서 열리나요?
- **Where is** the post office **located**?
  우체국은 어디에 있나요?
- **Where have** you **been**?
  이제까지 당신은 어디에 있었던 건가요?
- **Where are** you **going**?
  당신은 어디로 가는 중인가요?

Review Quiz

1 'Where + be동사' 형태의 의문문을 사용하여 대화를 완성하세요.

A ______________ you during the lunch hour?
점심 시간 동안에 어디에 있었나요?

B I was meeting a customer.
저는 고객을 만나고 있었어요.

A ______________ the nearest bank around here?
이 근처 제일 가까운 은행은 어디 있나요?

B It's just around the corner.
바로 저 모퉁이에 있어요.

2 다음 질문에 맞는 답변을 보기에서 고르세요.

a. Where is your school located? ______
당신의 학교는 어디에 있나요?

b. Where are you working now? ______
당신은 어디에서 일하고 있나요?

c. Where was the first World Cup held? ______
첫 번째 월드컵은 어디에서 열렸나요?

보기
① It is located in Seoul.
우리 학교는 서울에 있어요.
② It was held in Uruguay.
우루과이에서 열렸어요.
③ I'm working at a market.
저는 마켓에서 일하고 있어요.

단어
during ~동안, ~내내 customer 손님, 고객 located ~에 위치한 hold (회의 · 시합 등을) 하다, 개최하다

정답 1. Where were / Where is
2. a - ① / b - ③ / c - ②

'Where+do동사' 의문문

어디에서 ~하나요?

Sarah **Where do** you usually go shopping?

Beth I usually shop online.

By the way, **where did** you go for vacation?

Sarah I went to Japan. I had a great time.

Sara 보통 어디에서 쇼핑해? **Beth** 난 주로 온라인으로 쇼핑해. 그런데 휴가는 어디로 갔었어?
Sara 나 일본에 갔었어. 아주 좋은 시간을 보냈어.

회화에서 뽑은 문법

무언가를 어디에서 하는지 물을 때 의문사 where을 사용해서 **'Where+조동사(do/does/did/will/should...)+주어+동사 ~?'**로 표현합니다. where 다음에 do나 does를 쓰면 '평소에 어디에서 ~하는지'를 묻는 말이죠. 그래서 '대부분', '평소에'라는 뜻의 부사 usually를 함께 자주 씁니다. 과거의 일에 대해서 묻는다면 did를, 미래의 일에 대해서 묻는다면 will이나 be going to를 쓰면 되겠죠?

- **Where does** Jane live?
  제인은 어디에 사나요?
- **Where did** John find Jane?
  존은 어디에서 제인을 찾았나요?
- **Where will** you stay in Rome?
  넌 로마에서 어디에서 묵을 거야?
- **Where are you going to** get your hair cut?
  당신은 어디에서 머리를 커트할 건가요?

1 'Where + do동사' 형태의 의문문을 사용하여 대화를 완성하세요.

A ________________ get the money?
그녀는 어디서 그 돈이 생겼나요?

B I think she borrowed it from her parents.
부모님에게 빌린 것 같아요.

A ________________ study after school?
그들은 수업 후에 어디서 공부하나요?

B They usually go to the library.
그들은 주로 도서관에 갑니다.

2 괄호 안에 주어진 동사를 사용하여 의문문을 완성하세요.

A Where ________________ on vacation this year? (go)
올해는 어디로 휴가를 갔었나요?

B I went to Jeju Island with my family.
가족과 함께 제주도에 갔었어요.

A Where ________________ her clothes? (buy)
그녀는 어디서 옷을 사나요?

B She usually buys her clothes on the Internet.
그녀는 주로 인터넷에서 옷을 사요.

정답 1. Where did she / Where do they
2. did you go / does she buy

'Why+be동사' 의문문

왜 ~인가요?

Ivy **Why is** the door open?

Evan John just left. He got so upset.

Ivy **Why is** he upset?

Evan I said something stupid.

Ivy 왜 문이 열려 있어? **Evan** 존이 방금 나갔거든. 그가 무척 화가 났어. **Ivy** 왜 화가 났는데?
Evan 내가 좀 바보 같은 말을 했어.

회화에서 뽑은 문법

어떤 상황의 이유를 물을 때 의문사 why로 시작합니다. 'Why+be동사+주어+(위치를 나타내는)전치사구/부사구 ~?'라고 하면 '왜 ~는 …에 있니?'라고 묻는 말입니다. 그 주어가 왜 그런 상황, 상태인지에 대해 묻는다면 **'Why+be동사+주어+형용사구 ~?'**로 물어보면 됩니다. 구어체에서는 be동사를 생략하기도 하고, 현재진행형으로 진행 중인 일에 대한 원인을 물어볼 수도 있습니다. 이때는 'Why+be동사+주어+동사ing?'의 형태를 사용하면 됩니다.

- **Why is** Jane so upset?
  제인은 왜 그토록 짜증이 나 있는 걸까요?
- **Why was** the show so unpopular?
  공연이 왜 그렇게 인기가 없었던 거죠?
- **Why** (are you) so serious?
  왜 그렇게 심각해요?
- **Why is** John **reading** that book?
  존은 왜 그 책을 읽고 있는 걸까요?
- **Why are** you **taking** this class?
  넌 왜 이 강의를 수강하고 있는 거야?
- **Why aren't** you **eating**?
  넌 왜 안 먹고 있어?

Review Quiz

1 'Why + be동사' 형태의 의문문을 사용하여 대화를 완성하세요.

A ______________ so angry at your brother?
동생에게 왜 그렇게 화가 나 있는 거예요?

B He broke my computer.
그 애가 내 컴퓨터를 고장 냈어요.

A ______________ water all over the floor?
왜 바닥에 온통 물이 있죠?

B I accidentally spilled a bottle of water.
제가 실수로 물 한 병을 엎질렀어요.

2 다음 질문에 맞는 답변을 보기에서 고르세요.

a. Why is the ring so important to you? ______
그 반지가 당신에게 왜 그렇게 소중한 거죠?

b. Why are you eating so fast? ______
왜 그렇게 빨리 먹고 있는 거예요?

c. Why was today's conference cancelled? ______
오늘 회의가 왜 취소된 건가요?

보기
① Because I have to go back to my office in 15 minutes.
15분 안에 사무실로 돌아가야 해서 그래요.
② Because some people got food poisoning.
몇몇 사람들이 식중독에 걸렸기 때문이에요.
③ Because my mother gave it to me.
우리 어머니가 주신 것이기 때문이에요.

단어
break 깨다, 부수다 accidentally 실수로, 우연히 spill 흘리다, 쏟다 cancel 취소하다 food poisoning 식중독

정답 1. Why are you / Why is there
2. a - ③ / b - ① / c - ②

MP3와 저자 강의를 들어 보세요

DAY 061~070

'Why+do동사' 의문문

왜 ~하나요?

Paul **Why does** John hate me so much?
I don't understand. He's so mean to me.
Why do I have to put up with him?

Heidi I'm sorry to hear that.

Paul 존은 왜 그렇게 나를 미워하는 걸까? 난 이해가 안 돼. 나한테 너무 못되게 굴어. 왜 난 그를 참아줘야만 하는 거야? **Heidi** 그렇다니 안타깝네.

회화에서 뽑은 문법

누군가가 어떤 행동을 왜 하는 것인지 물어볼 때도 의문사 why를 사용하면 되겠죠? **'Why+조동사(do/does/did/will/must/should...)+주어+(구)동사+to부정사 ~?'**의 형태가 기본입니다. 마치 반문하듯 대체 왜 그래야 하는지 이유를 물어보는 의문문은 'Why+must/should+주어+동사+to부정사 ~?'로 표현할 수 있죠. 또 '왜 ~라고 …하나요?'라는 조금 긴 물음은 'Why+조동사+주어+동사+that절 ~?'의 형태로 물어보면 됩니다.

- **Why do** you **think** so?
  넌 왜 그렇게 생각하는데?
- **Why does** he **like** her?
  그는 왜 그녀를 좋아해?
- **Why must** I **do** this all by myself?
  왜 내가 혼자서 이 일을 다 해야 하는 거죠?
- **Why should** I **listen** to you?
  왜 내가 당신 말을 들어야 하나요?
- **Why do** you **want to learn** surfing?
  왜 너는 서핑을 배우고 싶어 하니?
- **Why do** you **want to stay** here?
  당신은 왜 여기에 머물고 싶어 하나요?

Review Quiz

1 'Why + do동사' 형태의 의문문을 사용하여 대화를 완성하세요.

A Why ______________ volunteer work so hard? (she / do)
그녀는 왜 그렇게 봉사 활동을 열심히 하나요?

B It's because she likes to help others.
그건 그녀가 남을 돕는 걸 좋아하기 때문이에요.

A Why ______________ so tired? (you / look)
왜 그렇게 피곤해 보여요?

B These days I'm working late every day.
요즘 난 매일 야근하고 있어요.

2 다음 질문에 맞는 답변을 보기에서 고르세요.

a. Why do you live with your parents? ______
당신은 왜 부모님과 함께 사나요?

b. Why did he reject the offer? ______
그는 왜 그 제안을 거절한 거죠?

c. Why did you decide to stay in Seoul? ______
당신은 왜 서울에 머무르기로 했나요?

보기
① It's because I like the culture and food so much.
그건 제가 문화와 음식을 너무 좋아하기 때문이에요.
② Because they need someone to take care of them.
그분들을 돌봐 줄 사람이 필요하기 때문이에요.
③ He told me that the office was too far from his house.
그가 제게 말하기를 사무실이 집에서 너무 멀었대요.

단어
volunteer work 자원 봉사 tired 피곤한, 지친 reject 거절하다, 거부하다 take care of 돌보다 far 거리가 먼

정답 1. does she do / do you look
2. a - ② / b - ③ / c - ①

'How+be동사' 의문문

~는 어떤가요?

Jay **How is** John? Is he doing well?

Daisy Oh, yes. He just bought a very big house.

Jay **How** big?

Daisy It's a mansion with 6 bedrooms.

Jay 존은 어떻게 지내? 잘 지내고 있어? **Daisy** 응, 그럼. 최근에 큰 집을 샀더라고. **Jay** 얼마나 큰데? **Daisy** 방이 6개나 되는 저택이야.

회화에서 뽑은 문법

how와 be동사가 함께 쓰이면 상황, 사물, 사람의 **상태에 대해서 묻는 표현**이 됩니다. 'How+be동사+주어 ~?'는 주로 상태나 안부를 묻는 의문문이죠. 때로는 진행형으로 쓰기도 합니다. '얼마나 ~한지' 정도를 묻고 싶다면 be동사 앞에 형용사를 넣어 물어보면 됩니다. 마지막으로 'How+be동사+주어+형용사/과거분사 ~?'는 '그것이 어떻게 ~인 상태가 되는 건지' 과정을 묻는 의문문입니다.

- **How are** you?
  안녕하세요?
- **How is** your brother?
  당신의 오빠는 어떤가요?
- **How is** the project **going**?
  그 프로젝트는 어떻게 되어 가고 있나요?
- **How was** the interview?
  그 인터뷰는 어땠어요?
- **How were** the students?
  그 학생들은 어떻던가요?
- **How long is** the flight?
  비행 시간은 얼마나 오래인가요?
- **How much is** that table?
  그 탁자는 얼마인가요?
- **How is** the chairperson **selected**?
  회장은 어떻게 선정되나요?

Review Quiz

1 'How + be동사' 형태의 의문문을 사용하여 대화를 완성하세요.

A ______________ last night? (the movie)
어젯밤 영화는 어땠어요?

B It wasn't as good as I expected.
기대한 만큼 좋지는 않았어요.

A ______________ spelled in English? (your last name)
당신의 성은 영어 철자가 어떻게 되나요?

B It is spelled "K-I-M".
"K-I-M"이라고 씁니다.

2 다음 질문에 맞는 답변을 보기에서 고르세요.

a. How is your business going? ______
사업은 어떻게 돼 가세요?

b. How are these new model cars different? ______
이 신형 모델 차들은 어떻게 다른가요?

c. How was your trip to Europe? ______
유럽 여행은 어땠어요?

보기 ① It's getting better this year.
올해 좋아지고 있어요.
② I had a great time travelling beautiful cities.
아름다운 도시들을 여행하며 아주 즐거운 시간을 보냈어요.
③ They have some new safety functions.
몇몇 새로운 안전 기능들이 있어요.

정답 1. How was the movie / How is your last name
2. a - ① / b - ③ / c - ②

'How+do동사' 의문문

어떻게 ~하나요?

Tony **How do** you study English?

Grace I usually study with English news articles.

Tony That's great! So **how did** you do on the job interview?

Grace I think I did okay.

Tony 너는 영어 공부를 어떻게 해? **Grace** 나는 보통 영어 뉴스 기사로 공부해. **Tony** 그거 좋은걸? 그래, 구직 면접은 어떻게 했어? **Grace** 괜찮게 한 것 같아.

회화에서 뽑은 문법

'어떤 식으로 ~하는지' 혹은 '어느 정도로 ~하는지' 물을 때는 **'How+do동사(do/does/did)+주어+동사원형 ~?'**으로 물어보면 됩니다. 무언가를 '어떤 방법'으로 하는지를 묻는 거죠. 'How+조동사(can/will/shall/should/may...)+주어+(구)동사 ~?'는 무언가를 '어떻게 하는지' 방법에 대해서 묻는 의문문입니다. 마지막으로 조금 더 자세하게 'How+부사(quickly/hard/fast...)+조동사+주어+동사원형 ~?'으로도 표현할 수 있습니다. 의미가 다 비슷한 것 같지만 예문을 통해 미묘한 차이를 살펴보세요.

- **How do** you **commute**?
  당신은 어떻게 통근하나요?
- **How does** John **make** living?
  존은 어떻게 먹고사나요? (직업 묻기)
- **How did** you **get** here?
  여기에 어떻게 왔나요? (교통수단 묻기)
- **How can** you **stay** fit?
  어떻게 몸매를 잘 유지할 수 있나요?
- **How will** I **know**?
  내가 그걸 어떻게 알 수 있겠어요?
- **How often do** you **work out**?
  당신은 얼마나 자주 운동을 하나요?
- **How fast can** you **run**?
  당신은 얼마나 빠르게 달릴 수 있나요?
- **How much do** you **love** me?
  나를 얼마나 사랑하나요?

Review Quiz

1 **괄호 안에 주어진 주어와 동사를 사용하여 의문문을 완성하세요.**

A How ______________ my phone number? (he / get)
그가 내 전화번호를 어떻게 구했죠?

B I heard he got it from someone in your company.
당신 회사 내 누군가로부터 얻었다고 들었어요.

A How ______________ yourself in shape? (you / keep)
당신은 건강 관리를 어떻게 하세요?

B I walk for an hour every day.
저는 매일 한 시간씩 걸어요.

2 **다음 질문에 맞는 답변을 보기에서 고르세요.**

a. How did you know about Peter? ________
피터에 대해 어떻게 알게 된 건가요?

b. How do your children spend vacations? ________
당신의 아이들은 어떻게 방학을 보내나요?

c. How does this machine work? ________
이 기계는 어떻게 작동하는 거죠?

보기
① Press the red button and follow the directions on the screen.
빨간 버튼을 누르고 화면에 나오는 지시를 따르세요.
② I met him while I was traveling in America.
제가 미국에서 여행하던 중에 그를 만났어요.
③ They usually go camping and playing various sports.
주로 캠핑을 가거나 여러 가지 운동을 해요.

정답 1. did he get / do you keep
2. a - ② / b - ③ / c - ①

가주어 it

진짜 주어가 문장 뒷부분에 나오는 경우

Sam **It** was a good idea **that** you decided to move to this neighborhood.

Karen I think so too. And **it** was also a good decision **to** get a bike. I bike to work these days.

Sam 당신이 이 동네로 이사 오기로 결정했던 건 좋은 생각이었어요. **Karen** 나도 그렇게 생각해요. 또 자전거를 사기로 한 것도 잘한 결정이었죠. 요즘 자전거 타고 통근해요.

회화에서 뽑은 문법

주어 자리에 와야 하는 말이 너무 길거나 복잡한 경우, **가짜 주어인 it**이 주어 자리를 대신하기도 합니다. it 자리에 와야 할 원래 주어는 to부정사, 동명사, 의문사절 또는 that 뒤로 이어진 절이 되는 거겠죠. 문장 앞에서 일단 '좋은 생각이었어요', '사실인 거죠', '쉽지 않아요'와 같이 결론을 말해 놓고 과연 무엇이 그러한지 그 주어에 해당하는 말은 to 또는 that 뒤에 길게 위치하게 됩니다. 아래 예문을 통해 살펴볼까요?

- **It**'s never too late **to** learn new things.
  새로운 것을 배우기에 너무 늦은 시기란 없다.
- **It**'s important **how** well you eat.
  당신이 잘 먹는다는 것은 중요합니다.
- **It** doesn't matter **what** they say about me.
  사람들이 나에 대해 뭐라고 하는지는 중요하지 않아요.
- **It**'s great **that** you passed the tough exam.
  그 힘든 시험을 네가 통과했다니 정말 훌륭해.
- **It**'s unbelievable **that** Jane quit her job.
  제인이 일을 그만두었다니 믿기지 않네요.

Review Quiz

1 **괄호 안에 주어진 표현과 보기의 형용사를 이용하여 가주어 문장을 만들어 보세요.**

보기 impossible / difficult / necessary

Sometimes ______________ no. (to say)
때로는 '아니요'라고 말하는 것이 필요하다.

______________ from the plane. (to escape)
그 비행기에서 탈출하는 것은 불가능하다.

These days, ______________ without a cell phone. (to live)
요즘은 휴대폰 없이 살아가기가 어렵다.

2 **보기에서 알맞은 표현을 골라 문장을 완성하세요.**

보기 It is important to / It is true that / It is not a good idea to

______________ he decided to quit the job. He will leave the company next month.
그가 직장을 그만두기로 한 것은 사실이에요. 그는 다음 달에 회사를 떠날 거예요.

______________ take your children to a classical concert. They will not be admitted.
아이들을 클래식 공연에 데려가는 것은 좋은 생각이 아니에요. 얘들은 입장이 안 될 거예요.

I think you eat too much meat. ______________ eat a balanced diet for health.
너는 고기를 너무 많이 먹는 것 같아. 건강을 위해 균형 잡힌 식사를 하는 것이 중요해.

단어
impossible 불가능한 necessary 필요한, 불가피한 escape 탈출하다 quit 그만두다 admit 들어가게 하다

정답 1. it is necessary to say / It is impossible to escape / it is difficult to live
2. It is true that / It is not a good idea to / It is important to

so ~ that … / too ~ to …

너무 ~해서 …할 수밖에 없어요 / …할 수 없어요

Evan The weather was **so** nice **that** I had to go out. But I was **too** tired **to** do anything.

Flora I think you need to get some rest and exercise regularly.

Evan 날씨가 너무 좋았기 때문에 외출할 수밖에 없었어요. 하지만 너무 피곤했기 때문에 아무것도 할 수 없었죠. **Flora** 당신은 휴식을 취하고 정기적으로 운동할 필요가 있어요.

회화에서 뽑은 문법

'너무 ~해서 …할 수밖에 없다', '너무 ~해서 도저히 …할 수 없다'처럼 어떤 상황에 대한 원인과 결과를 말할 때 많이 쓰이는 표현입니다. 두 개의 구조가 서로 비슷한 것 같지만 하나는 긍정, 또 하나는 부정의 뜻이죠. **'so+형용사/부사+that+주어+동사'**는 '너무 ~해서 …할 수밖에 없다'라는 뜻입니다. **'too+형용사/부사+to+동사원형'**은 '너무 ~해서 도저히 …할 수 없다'는 부정의 뜻입니다. 중간에 'for+목적어'를 넣어서 누구에게 해당하는지 알려 주기도 하죠.

- Their coffee is **so** great **that** I go there almost every day.
  그 집 커피가 너무 좋아서 저는 거의 매일 거기를 갑니다.
- The movie was **so** well made **that** I want to see it again.
  그 영화가 너무 잘 만들어져서 난 그 영화를 다시 보고 싶을 정도예요.
- The idea was **too** great **to** ignore.
  그 아이디어는 너무나 훌륭해서 그냥 무시할 수 없었어요.
- The box is **too** heavy **for me to** lift.
  그 상자는 나에게는 너무 무거워서 들어 올릴 수 없어요.

Review Quiz

1 괄호 안에 주어진 표현을 넣어 해석에 맞게 문장을 완성하세요.

The pianist played ____________________ the audience shouted “Encore!” (beautifully)

그 피아니스트가 너무나 아름답게 연주했기에 청중들이 “앙코르!”를 외쳤다.

This book is ________________ for kids __________ understand. (difficult)

이 책은 너무 어려워서 아이들이 이해할 수가 없다.

My father was ________________ I had to come home before 9 p.m. (strict)

우리 아버지는 너무 엄격하셨기에 나는 오후 9시 전에 집에 와야 했다.

2 두 문장을 연결하여 하나의 문장으로 만들어 보세요.

The sun light is so strong today. + She cannot go out.

→ The sun light is ________________ today for her __________ out.

오늘 햇볕이 너무 강해서 그녀는 밖에 나갈 수가 없다.

He is very famous in Korea. + Everyone knows him.

→ He is ________________ in Korea __________ everyone knows him.

그는 한국에서 너무 유명해서 모두 그를 안다.

He was very tired. + He couldn't take another step.

→ He was ______________________ another step.

그는 너무 피곤해서 한 발짝도 더 걸을 수가 없었다.

단어

audience 청중　strict 엄격한, 엄한

정답 1. so beautifully that / too difficult, to / so strict that
2. too strong, to go / so famous, that / too tired to take

some, any

약간의, 얼마 정도의, 조금의...

Henry Do you need **any** help?

Jena Actually, yes. Can you get me a pen?

Henry What kind of pen do you need?

Jena **Any** pen will do. Can I also get **some** water?

Henry 도움이 조금 필요하니? **Jena** 실은, 응. 펜 한 개만 가져다줄 수 있을까? **Henry** 어떤 펜이 필요해? **Jena** 아무 펜이나 돼. 물도 좀 가져다줄 수 있을까?

회화에서 뽑은 문법

정확한 수를 말하지 않고 **'약간의', '얼마 정도의'**라고 말할 때 명사 앞에 **some이나 any**를 쓸 수 있습니다. some은 셀 수 있는 것, 셀 수 없는 것, 그리고 긍정적인 대답을 기대하는 의문문에도 쓸 수 있고, 일반적으로 의문문이나 부정문에서는 some 대신 any를 씁니다. some이 '약간의', '얼마 정도의'란 뜻이라면 any는 '조금이라도', '하나라도', '아무거라도'의 뜻이 강합니다. some과 any는 이외에 다른 단어와 합쳐져서 쓰일 수 있는데요, 사람을 가리킬 때는 one 또는 body와 합쳐서 someone(somebody), anyone(anybody)으로, 사물을 가리킬 때는 something, anything으로 쓰입니다.

- I have **some** questions.
  질문이 좀 있습니다.
- I'd like **some** butter.
  버터 좀 주세요.
- Do you have **any** questions?
  혹시 질문이 있나요?
- I don't have **any** questions.
  저는 질문이 없습니다.
- There is **someone** at the door.
  현관에 누군가 와 있는데요.
- Is there **anyone** in here?
  이 안에 누군가 있나요?
- I have **something** to discuss.
  상의할 것이 있습니다.
- I don't have **anything** to discuss.
  난 상의할 것이 아무것도 없습니다.

Review Quiz

1 **빈칸에 some 또는 any를 넣어 문장을 완성하세요.**

Do you have ______ plans for the weekend?
주말에 무슨 계획 있어요?

I bought ______ meat and vegetables in the market.
나는 시장에서 고기와 채소를 좀 샀다.

He wants to send ______ flowers to his girlfriend.
그는 자기 여자친구에게 꽃을 좀 보내고 싶어 한다.

I don't know ______ places around here.
나는 이 근처 어느 곳도 알지 못한다.

2 **보기에서 알맞은 표현을 골라 문장을 완성하세요.**

보기 someone / anyone / something / anything

I don't know ______ about the accident.
나는 그 사고에 대해 아무것도 알지 못한다.

I have ______ that I want to introduce to you.
당신에게 소개하고 싶은 사람이 있어요.

He found ______ strange in the old house.
그는 그 낡은 집에서 뭔가 이상한 것을 발견했다.

Does ______ speak Spanish in this class?
이 반에서 스페인어 하는 사람 있나요?

단어
introduce 소개하다

정답 1. any / some / some / any
2. anything / someone / something / anyone

many, much, a lot of

많은, 다수의

John There are **many** great mountains in Korea.

Cahill I know. I've been to **a lot of** them already.

John Lucky you! I don't have **much** time to go out.

John 한국에는 훌륭한 산들이 많이 있죠. **Cahill** 그러게요. 그들 중 많은 곳에 이미 가 봤어요.
John 운이 좋네요! 저는 돌아다닐 수 있는 시간이 많지 않아서요.

회화에서 뽑은 문법

명사 앞에서 '많은 양의', '많은 수의'라고 할 때 쓸 수 있는 대표적인 형용사로 **many, much, a lot of**가 있습니다. 모두 '많은'이란 뜻이지만 각각 **함께 쓰이는 명사가 다르므로 주의**해야 합니다. a lot of는 lots of로 쓰이기도 하는데, 다소 가벼운 글이나 말에서 쓰입니다.

many + 수를 셀 수 있는 명사

- **many** people
  많은 사람들
- **many** chairs
  많은 의자들
- **many** ideas
  많은 아이디어들

much + 수를 셀 수 없는 명사

- **much** room
  많은 공간
- **much** time
  많은 시간
- **much** popularity
  많은 인기

a lot of + 둘 다 가능

- **a lot of** confidence
  많은 자신감
- **a lot of** money
  많은 돈
- **lots of** ideas
  많은 아이디어

Review Quiz

1 빈칸에 much 또는 many를 넣어 문장을 완성하세요.

How ______ money did you spend on your trip?
여행에 돈을 얼마나 쓰셨어요?

Jane has ______ friends that she can rely on.
제인은 믿을 수 있는 친구가 많이 있다.

Don't put too ______ sugar in your coffee.
커피에 설탕을 너무 많이 넣지 마세요.

How ______ people came to the party?
파티에 몇 명의 사람들이 왔나요?

2 괄호 안에서 알맞은 표현을 골라 문장을 완성하세요.

How (a lot of / much / many) water do we have to drink?
물을 얼마나 마셔야 하나요?

There (are a lot of people / is many people / are much people) in amusement parks on Sundays.
일요일에는 놀이공원에 사람들이 많다.

Let's take a taxi because there's not (many traffic / much traffic / lots of traffics) now.
지금은 교통량이 많지 않으니 택시를 타자.

She received (much gifts / a lot of gift / many gifts) on her birthday.
그녀는 생일에 많은 선물을 받았다.

단어
spend (돈을) 쓰다, (시간을) 보내다 rely on 기대다, 의존하다 amusement park 놀이공원 traffic 교통, 차량들

정답 1. much / many / much / many
2. much / are a lot of people / much traffic / many gifts

both, neither

~ 둘 다, ~ 둘 다 아닌

Dean I'd like to buy **both** the blue shirt **and** the red pants.

Cathy They're **neither** too expensive **nor** too cheap.

Dean Yes, their prices are rather reasonable.

Dean 난 파란 셔츠랑 빨간 바지 둘 다 사고 싶어. **Cathy** 그것들은 너무 비싸지도 너무 싸지도 않네. **Dean** 응, 가격이 꽤 합리적이야.

회화에서 뽑은 문법

both는 '둘 다'라는 의미인데, **'both A and B'**의 형태로 쓰여서 'A와 B 둘 다'를 의미합니다. 반대로 '아무것도 ~ 아니다'라고 말하려면 **'neither A nor B'**라고 표현하면 되는데, A도 아니고 B도 아니라는 뜻이 되죠. 이때 neither 안에는 이미 not이 포함된 것이라서 따로 not을 또 쓰진 않습니다. both는 뒤에 'of+대명사 목적어'가 오는 경우 '그것 둘 다'라는 의미인데요, neither도 뒤에 'of+복수명사/대명사'와 함께 쓰여서 '~들 중 어느 것도 …가 아니다'라는 의미로 쓰입니다.

- I like **both** apples **and** oranges.
  난 사과와 오렌지 둘 다 좋아해요.
- Iron man is **both** rich **and** famous.
  아이언맨은 부자이기도 하고 유명하기도 해요.
- **Neither** John **nor** Jane likes studying Math.
  존이나 제인 누구도 수학 공부하는 것을 좋아하지 않아요.
- I'll take **both of them**.
  전 그거 둘 다 사겠어요.
- **Neither of my parents** knew about it.
  우리 부모님 중 어느 분도 그것에 대해서 알지 못했어요.

Review Quiz

1 빈칸에 both 또는 neither 표현을 넣어 문장을 완성하세요.

Frogs can live in water. Frogs can live on land.
→ Frogs can live ________ in water ________ on land.
개구리는 물속과 땅 위 모두에서 살 수 있다.

This story is not interesting. That story is not interesting.
→ ________ of the stories is interesting.
어느 이야기도 재미가 없다.

She doesn't have any plan. I don't have any plan.
→ ________ she ________ I don't have any plan.
그녀도 나도 아무런 계획이 없다.

2 괄호 안에서 알맞은 표현을 골라 문장을 완성하세요.

A I don't like horror movies. But I like action films.
난 공포 영화를 좋아하지 않아요. 하지만 액션 영화는 좋아하죠.

B Well, I like (both / neither) of them. I don't like watching movies.
흠, 난 그것들 둘 다 좋아하지 않아요. 영화 보는 것을 즐기지 않거든요.

A I'm so tired. We've been studying for 5 hours.
나 너무 피곤해. 우린 5시간째 공부한 거야.

B You're right. (Both us / Neither of you / Both of us) need some rest.
맞아. 우리 둘 다 휴식이 좀 필요해.

단어
film 영화 rest 휴식

정답 1. both, and / Neither / Neither, nor
2. neither / Both of us

all, every, each

모든, 각각의

Jessi **All** my friends are in Jeju right now.

Ian Is **everyone** having a great time?

Jessi I think so. **Each** one of them is sending me pictures.

Jessi 내 친구들은 모두 지금 제주에 있어. **Ian** 모두가 즐거운 시간을 보내고 있지? **Jessi** 그런 거 같아. 각각이 나한테 사진을 보내 주고 있어.

회화에서 뽑은 문법

'모든'이란 뜻의 **all 다음에는 셀 수 있는 명사, 셀 수 없는 명사**가 모두 올 수 있습니다. 보통 all이나 all of를 같은 의미로 쓸 수 있지만, all of는 주로 특정한 그룹을 가리킬 때 씁니다. 주의할 점은 it, them, you와 같은 대명사 앞에는 all of만 쓸 수 있다는 점입니다. every도 명사 앞에서 '모든 ~'이라는 뜻으로 쓰이지만 **'every+단수명사'** 형태로만 쓰이고 이것이 주어일 경우 단수로 취급되어 be동사는 is, was를 쓰고 일반동사도 뒤에 -s나 -es를 붙여야 합니다. **each**는 어떤 그룹에서 한 명, 한 명 또는 한 개, 한 개의 각각을 가리킬 때 씁니다. 역시 **단수로 취급**합니다.

- It's **all** silk.
  그건 모두 실크로만 되어 있어요.
- **All** of the courses are free.
  그 강좌들은 전부 무료입니다.
- **All** of them are high quality courses.
  그것들은 모두 고품격 강좌들입니다.
- **Everyone** is happy.
  모든 사람들이 행복해합니다.
- **Everyone** looks forward to Fridays.
  모든 사람들이 금요일을 기대하고 있어요.
- **Each** member has to attend.
  각각의 멤버들이 참석해야 합니다.

Review Quiz

1 밑줄 친 부분과 어울리는 표현을 보기에서 골라 문장을 완성하세요.

보기 All / Each one of / Everyone / Every

______ student has to bring his or her lunch box.
모든 학생이 자신의 도시락을 가져와야 한다.

______ the applicants has to answer the questions.
지원자 각각은 질문에 답해야 한다.

______ my family enjoy sports except for me.
우리 가족은 나만 빼고 모두 스포츠를 즐긴다.

______ in the office was surprised at the news.
사무실에 있던 모두가 그 소식에 놀랐다.

2 괄호 안에서 쓰일 수 없는 표현을 고르세요.

(Everyone / Each member / All the players) in the soccer team does weight training every day.
그 축구팀의 모두는(각 멤버는) 매일 근력 운동을 한다.

(All of you are / Each students are / Everyone is) well aware that the exam is important.
여러분 모두(모두가) 그 시험이 중요하다는 것을 잘 알고 있습니다.

(All the people / Every people / All of the people) I met were very kind.
내가 만난 사람들 모두 매우 친절했다.

단어
applicant 지원자 except for ~을 제외하고는 surprised 놀란 weight training 근력 운동

정답 1. Every / Each one of / All / Everyone
2. All the players / Each students are / Every people

관계대명사 who, whose, whom

사람을 설명할 때

Rian I went to school with John **who** is now my boss. John is a great person **whom** I trust.

Sonia It must be nice to have someone like him as your friend.

Rian 저는 존과 동창인데, 그는 지금 제 상사예요. 존은 내가 신뢰하는 훌륭한 사람이에요.
Sonia 그런 분이 친구라니 좋겠네요.

회화에서 뽑은 문법

어떤 한 사람을 설명하는 문장이 두 개일 때 이를 한 문장으로 말하고 싶다면 사람을 설명해 주는 관계대명사를 사용하면 됩니다. 그 연결고리가 되는 **인칭 관계대명사**로 **who, whose, whom 또는 that**이 쓰입니다. 주어로 쓰이는 경우에는 who, 소유격으로 쓰이는 경우에는 whose로 연결합니다. 목적어로 쓰인다면 보통 whom을 쓰면 좋습니다.

- I see Jane. + Jane is talking with John.
  → I see Jane **who** is talking with John.
  존과 얘기하고 있는 제인이 보여요.
- John is my old friend. + His father was my English teacher.
  → John is my old friend **whose** father was my English teacher.
  존은 제 오랜 친구인데, 그의 아버지는 제 영어 선생님이셨어요.
- Jane is the girl. + I told you about the girl.
  → Jane is the girl **whom** I told you about.
  제인이 바로 내가 너에게 말해 줬던 그 여자야.

Review Quiz

1 보기에서 알맞은 표현을 골라 문장을 완성하세요.

보기 who / whom / whose

There are many great people in history __________ everyone respects.
역사에는 모두가 존경하는 많은 위인들이 있다.

I have a friend __________ father is a mountain climber.
나는 아버지가 등반가인 친구가 있다.

I like people __________ have a good sense of humor.
나는 뛰어난 유머 감각을 지닌 사람들을 좋아한다.

2 알맞은 관계대명사를 골라 한 개의 문장으로 연결하세요.

Look at the man over there! + His hair color is pink!
→ Look ______________________________!
저기 머리 색깔이 분홍색인 저 남자 좀 봐!

This book is for people. + People plan to start their own business.
→ This ______________________________.
이 책은 자기 사업을 시작할 계획인 사람들을 위한 것이다.

Sam is a very kind man. Everyone wants to work with Sam.
→ Sam ______________________________.
샘은 모두가 함께 일하고 싶어 하는 아주 친절한 사람이다.

단어
respect 존경하다 climber 등반가 sense of humor 유머 감각

정답 1. whom / whose / who
2. at the man over there whose hair color is pink / book is for people who plan to start their own business / is a very kind man whom everyone wants to work with

MP3와 저자 강의를 들어 보세요

DAY 071~080

관계대명사 which, that

사물, 상황을 설명할 때

Babita This is the product **which** saved our company last year.

Tony Ah, that's the product **that** you told me about!

Babita 이것이 작년에 우리 회사를 살려 준 바로 그 상품이에요. **Tony** 아, 그게 당신이 말씀하신 그 상품이군요!

회화에서 뽑은 문법

두 개의 문장이 연결되면서 어떤 물건이나 상황이 겹칠 때 which 또는 that 관계대명사를 사용해서 **'선행사(앞에 나온 명사)+which/that'**으로 표현합니다. 겹치는 사물의 일부에 대해서 설명하고 싶을 땐 '선행사+of which'의 형태로 쓰는데 'whose+명사'로 말하기도 합니다. 겹치는 사물이 뒤에 이어지는 말의 목적어처럼 쓰이면 '선행사+which/that+주어+동사'로 표현합니다. **이때 전치사와 that은 같이 쓰지 않습니다.** 또 그 선행사가 전치사의 목적어가 되는 경우라면 전치사는 문장의 맨 뒤 또는 관계대명사의 앞에 놓일 수 있습니다.

· Jane lives in a house. + The house is 40 years old.
→ Jane lives in a house **which** is 40 years old.
제인은 40년 된 집에서 살고 있어요.

· This is the restaurant. + The service **of** this restaurant is great.
→ This is the restaurant **of which** the service is great.
이곳은 서비스가 훌륭한 식당이에요.

· This is the bag. + I bought this bag yesterday.
→ This is the bag **which** I bought yesterday.
이게 내가 어제 산 가방이에요.

Review Quiz

1 which, that 중 알맞은 표현을 넣어 문장을 완성하세요.

You can choose only one thing ________ you want.
네가 원하는 것 딱 하나만 고를 수 있어.

This is an old book ________ was published 100 years ago.
이것은 100년 전에 출간된 아주 오래된 책이다.

A computer is a useful tool with ________ we can do many things.
컴퓨터는 우리가 (그것을 가지고) 수많은 일을 할 수 있는 아주 유용한 도구이다.

2 보기에서 알맞은 표현을 골라 관계대명사와 함께 문장을 완성하세요.

보기 overcome / talked / uses

I want to buy a car ______________ less gas.
나는 기름을 더 적게 쓰는 차를 사고 싶다.

There is nothing ________ we cannot ________ if we help each other.
우리가 서로 돕는다면 극복하지 못할 것은 없다.

Did you understand the subject about ________ he ________ in the seminar?
당신은 그가 세미나에서 말한 주제에 대해 이해했나요?

단어
publish 출판하다, 발행하다　useful 유용한　tool 도구　overcome 극복하다　subject 주제

정답 1. that / which(that) / which
2. which(that) uses / that, overcome / which, talked

what

바로 그것을 ~해요

Tylor I remember **what** you said to me.
That's **what** kept me going.
Thank you for **what** you did.

Emma You totally deserve **what** you've achieved.

Tylor 네가 나에게 했던 말 기억하고 있어. 그 말 덕분에 내가 계속 지탱할 수 있었어. 네가 해 준 것에 고마워. **Emma** 너는 네가 이룬 것을 가질 충분한 자격이 있어.

회화에서 뽑은 문법

what은 원래 the thing which인데, 문장을 효율적으로 짧고 강하게 만들기 위해 보통 what으로 연결합니다. **'~하는 것'**이라고 해석되는데, 이렇게 what으로 시작되는 부분은 명사절로서 문장에서 주어, 목적어, 또는 보어의 자리에 오게 됩니다. 또 what 다음에 **to부정사가 이어져 '무엇을 ~할지'라는 뜻**으로 목적어처럼 쓰일 수도 있습니다. what절은 단수 취급한다는 점에 유의하세요.

- **What** I want to say is that I love you.
  내가 하고 싶은 말은 내가 너를 사랑한다는 거야.
- I like **what** you're wearing.
  난 당신이 입고 있는 것이 마음에 드네요.
- That's not **what** I expected.
  그건 내가 기대했던 것이 아닌데요.
- I don't know **what to** say.
  난 뭘 말해야 할지 모르겠어요.

Review Quiz

1 보기에서 알맞은 표현을 골라 문장을 완성하세요.

보기 to say / do / want

I don't know what to __________ when my computer is down.
나는 컴퓨터가 다운되면 어떻게 해야 할지를 모르겠어요.

You have to know what you really __________ when you find a job.
직장을 구할 때는 당신이 정말로 원하는 것이 무엇인지 알아야 합니다.

Please tell me what __________ in the beginning of my presentation.
제 발표에서 앞부분에 뭐라고 말해야 할지 좀 알려 주세요.

2 괄호 안에 주어진 단어를 이용하여 질문을 완성하세요.

Do you know what ______________ in the market? (buy)
그녀가 시장에서 무엇을 샀는지 아세요?

Do you know what ______________ for living? (do)
제인이 무슨 일을 하는지 아세요?

Do you understand what ______________ about? (talk)
그가 무슨 얘기를 하고 있는지 이해가 되나요?

Do you remember what ______________ last night? (read)
어젯밤 무엇을 읽었는지 기억나세요?

단어
beginning 시작, 초반 presentation 발표, 프레젠테이션

정답 1. do / want / to say
2. she bought / Jane does / he is talking / you read

whom

누구를, 누가 ~인지

Amy **Whom** should I talk to about the contract? Do I need to talk to Mr. Kim?

Eric Mr. Kim? Ah, I know **whom** you're talking about. Right.

Amy 계약에 관해서 누구에게 얘기를 해야 하나요? 미스터 김에게 얘기해야 하나요? **Eric** 미스터 김? 아, 누구를 말하는지 알겠어요. 맞아요.

회화에서 뽑은 문법

문장에서 '~을/를'로 해석되는 **목적어에 해당하는 절**을 whom이 이끄는 경우입니다. whom은 그 앞에 놓인 명사를 설명하기 위한 관계사로도 쓰이지만 그 자체가 동사의 목적어를 이끌기도 합니다. 좀 더 편하게 말하듯 쓰기 위해서 whom 대신 그냥 who로 쓰는 경우도 많지만, 공식적인 문서 등에서는 구분해서 써야 합니다.

- For **whom** did you buy this shirt?
  넌 이 셔츠를 누구를 주려고 샀니?
- This is from my sister **whom** I love so much.
  이건 제가 너무나 사랑하는 제 여동생에게서 온 거예요.
- Do you know **whom** I was telling you about?
  내가 네게 누구에 대해 얘기하고 있었는지 알아?
- Please tell me **whom** I should go see.
  제가 가서 누구를 만나야 하는지 알려 주세요.
- This is Jane **whom** I wanted to introduce you **to**.
  = This is Jane **to whom** I wanted to introduce you.
  이 사람은 제가 당신에게 소개하고 싶어 했던 제인이에요.

Review Quiz

1 **보기에서 알맞은 표현을 골라 문장을 완성하세요.**

보기 whom I was / whom I / whom to / to whom

Please tell me ________ should contact for this matter.
이 문제에 대해서 누구와 연락해야 하는지 알려 주세요.

I don't remember ________ talking to on the phone.
나는 전화로 누구와 얘기했는지 기억나지 않는다.

I don't know ________ trust in the company.
회사에서 누구를 믿어야 할지 모르겠어요.

Did you hear ________ the letter was written?
그 편지가 누구에게 쓰였는지 들었어요?

2 **답변을 보고 알맞은 표현으로 질문을 완성하세요.**

A Do you know ________ Sally ________ in college?
샐리가 대학 때 누구와 사귀었는지 알아요?

B She dated John, but they broke up later.
존과 사귀었는데, 나중에 헤어졌어요.

A Do you know ________ Mike ________ with?
마이크가 누구와 같이 사는지 아세요?

B He lives with a friend in an apartment.
그는 아파트에서 친구와 살고 있어요.

단어
contact 연락하다 trust 믿다, 신뢰하다 date ~와 연애를 하다

정답 1. whom I / whom I was / whom to / to whom
2. whom, dated / whom, lives

who

누가 ~인지

Josh Look **who** is coming! Do you know **who** she is?

Dylan I don't remember **who** told me this but I heard she's Jane Smith.

Josh 이게 누구야! 그녀가 누군지 알아? **Dylan** 누가 이걸 말해 줬는지는 기억나지 않지만, 제인 스미스라고 들었어.

회화에서 뽑은 문법

who는 그 앞에 나온 사람이 누구인지를 설명해 주는 연결고리가 되기도 하고(참고 Day 70) '누가 ~했는지', '누가 ~인지'에 대해 말하는 목적어 역할 명사절에서도 쓰입니다. 이때 주절의 동사 뒤에 'who+(구)동사' 또는 'who+주어+동사/보어'의 순서로 절이 따라오게 되죠. 또 who는 to부정사와 함께 목적어처럼 쓰이기도 하는데, 이건 사실 'who+주어+should/can+동사원형'과 같은 뜻이지만 to부정사를 이용해서 구조를 더 간단히 만든 거라고 보면 됩니다.

- Do you know **who** broke the vase?
  누가 꽃병을 깼는지 아세요?
- I know **who** broke this vase.
  누가 이 꽃병을 깼는지 난 알고 있죠.
- Does anyone know **who** John Smith is?
  존 스미스가 누구인지 아는 사람 있나요?
- I don't know **who**(whom) to talk to.
  = I don't know **who**(whom) I should talk to.
  난 누구에게 말해야 할지 모르겠어요.

Review Quiz

1 보기에서 알맞은 표현을 골라 문장을 완성하세요.

보기 who stole / who they / who left / who broke

I don't know ______ are.
나는 그들이 누구인지 모른다.

Nobody knows ______ Jane's phone.
누가 제인의 전화기를 훔쳐 갔는지 아무도 모른다.

Tell me ______ the window.
누가 창문을 깼는지 알려 주세요.

Sally can remember ______ the letter on your desk.
샐리는 당신 책상에 누가 그 편지를 두고 갔는지 기억할 수 있을 거예요.

2 답변을 보고 알맞은 표현으로 질문을 완성하세요.

A Do you know ______ care of customer complaints?
고객 불만 사항을 누가 처리하는지 아세요?

B We take care of them.
그 문제는 우리가 처리합니다.

A Can you tell me ______ you the story?
당신에게 그 얘기를 누가 해 줬는지 말해 줄 수 있어요?

B Jane told it to me.
제인이 내게 말해 줬어요.

단어
steal 훔치다 leave ~을 두고 오다[가다] complaint 불평, 불만

정답 1. who they / who stole / who broke / who left
2. who takes / who told

where

어디에서 ~인지

Jay Do you know **where** John is?
I think he knows **where** my keys are.

Tina Sorry, but I don't know **where** he is.

Jay 혹시 존이 어디 있는지 알아요? 내 생각엔 그가 내 열쇠가 어디 있는지 아는 것 같아요.
Tina 죄송하지만, 저도 그가 어디 있는지 모르겠어요.

회화에서 뽑은 문법

'어디에 무엇이 있는지' 위치를 묻는 내용의 명사절이 목적어로 쓰일 경우, 주절의 동사 다음에 **'where+주어+동사'**의 순서로 말합니다. 그리고 '…가 어디에서 ~인지'라고 장소를 물을 때는 주어와 동사를 이어 목적절 앞에서도 쓸 수 있습니다. 'where+주어+동사+(목적어/보어)'의 순으로 말이죠. where도 마찬가지로 to부정사와 함께 쓰여서 목적어처럼 쓰일 수 있습니다.

- I need to find out **where** the city hall is.
  시청이 어디 있는지 알아내야 해요.
- I know **where** Jane works.
  제인이 어디에서 일하는지 난 알고 있어요.
- Can you tell me **where** the restroom is?
  화장실이 어디에 있는지 말해 줄 수 있나요?
- Do you know **where** John lives?
  존이 어디에 사는지 아세요?
- You know **where** to find me.
  날 어디에서 찾으면 되는지 알고 있죠?
- I don't know **where to** go.
  이제 난 어디로 가야 하는지 모르겠어요.

Review Quiz

1 보기에서 알맞은 표현을 골라 문장을 완성하세요.

보기 met / to eat / wait / put

It's hard to choose where ______ lunch every day.
매일 점심을 어디서 먹을지 정하기가 힘들다.

I don't remember where I ______ my car keys.
자동차 열쇠를 어디에 두었는지 기억이 나질 않아요.

I asked him where he ______ his wife for the first time.
나는 그에게 아내를 어디서 처음 만났는지 물어보았다.

Please tell me where I should ______ for Mr. Smith.
스미스 씨를 어디서 기다려야 되는지 알려 주세요.

2 빈칸에 알맞은 표현을 넣어 문장을 완성하세요.

Do you remember where ______ when you were young?
당신은 어렸을 때 어디서 살았는지 기억나세요?

Could you tell me where ______ my baggage?
제 짐을 어디에 보관해야 하는지 알려 주시겠어요?

Ask her where ______ to have her birthday party.
그녀에게 어디서 생일 파티를 할 건지 물어봐요.

Tell me about where ______ your summer vacation.
여름휴가를 어디서 보냈는지 얘기 좀 해 주세요.

정답 1. to eat / put / met / wait
2. you lived / I should keep(to keep) / she is going / you spent

how

어떻게 ~하는지, 얼마나 ~한지

Jake Jane wants to learn **how** to make kimchi.
Can you teach her **how** to make it?

Owen Don't worry. I'll ask my mom.

Jake 제인이 김치 만드는 법을 배우고 싶어 해요. 그녀에게 만드는 법을 가르쳐 줄 수 있어요?
Owen 걱정 마세요. 제가 저희 엄마한테 물어볼게요.

회화에서 뽑은 문법

'how+to부정사'가 목적어 자리에 오면 **'어떻게 ~하는지'**처럼 방법에 대해 말하는 표현이 됩니다. 이 how to는 'how+주어+can/should+동사원형'의 형태인 것을 간단히 표현한 것이죠. **'how+형용사/부사+주어+동사'**의 형태로 목적어 자리에 오기도 합니다. 'how+형용사/부사+주어+동사'의 절 형태가 목적어 자리에 오면 **'얼마나 ~한지'**, **'어떻게 ~하는지'**처럼 어떤 것의 상태나 정도를 나타냅니다.

- I know **how to** book a room online.
  저는 온라인으로 방을 어떻게 예약하는지 알고 있어요.
- His paintings show **how** he feels about nature.
  그의 그림들은 그가 자연에 대해서 어떻게 느끼는지를 보여 주죠.
- Can you imagine **how** hard it is to take care of babies?
  아기들을 돌보는 것이 얼마나 어려운지 상상이나 할 수 있나요?
- Could you tell me **how** long it takes to get to Busan?
  부산까지 가는 데 얼마나 오래 걸리는지 말해 줄 수 있나요?

Review Quiz

1 보기에서 알맞은 표현을 골라 how 또는 how to와 함께 문장을 완성하세요.

보기 came / use / speak / obtained

We should know ______________ money wisely.
우리는 돈을 현명하게 쓰는 법을 알아야 한다.

Do you know __________ he __________ that report?
그가 어떻게 그 보고서를 입수했는지 아세요?

I don't remember __________ I __________ home last night.
나는 어젯밤에 어떻게 집에 왔는지 기억나지 않는다.

Jane quickly learned ______________ Korean.
제인은 어떻게 한국어를 말하는지 빨리 배웠다.

2 빈칸에 알맞은 표현을 넣어 문장을 완성하세요.

Do you know how ______________ through winter?
곰이 어떻게 겨울을 이겨 내는지 아세요?

Please tell me how ______________ this job.
어떻게 이 직장을 구하게 되었는지 말해 주세요.

Nobody knows how ______________ the diamond.
그가 어떻게 그 다이아몬드를 훔칠 수 있었는지 아무도 모른다.

I want to ask you how ______________ up with that idea.
그 아이디어는 어떻게 생각해 낸 건지 묻고 싶군요.

단어
obtain 얻다, 입수하다 wisely 현명하게 quickly 빨리, 빠르게 survive 살아남다, 생존하다

정답 1. how to use / how, obtained / how, came / how to speak
2. bears survive / you got / he could steal / you came

why

왜 ~인지, 왜 ~하는지

Eva I don't understand **why** he did that.

He never told me **why** he left the company.

Eric What? I had no idea!

Eva 그가 왜 그랬는지 난 이해가 되질 않아. 왜 회사를 떠났는지 말해 주지 않았어. **Eric** 뭐라고? 난 정말 몰랐네!

회화에서 뽑은 문법

'왜 ~인지', '왜 ~하는지'처럼 원인, 이유 등에 대해서 말할 때 의문사 why를 사용합니다. why절은 주어, 목적어 또는 보어의 역할을 합니다. **'why+주어+동사'**의 형태로 쓰이는데 주어 부분이 너무 길거나 복잡하다면 **가주어 it으로 대신**해서(참고 Day 64) 'why+it+be동사+보어(to부정사 또는 절)'로 표현하기도 합니다. why절이 주어 자리에 올 때는 'why절+동사'의 형태가 되며 마지막으로 why절이 보어 자리에 올 때는 '주어+be동사+why절'의 형태로 이어집니다.

- **Why** you must go on a diet is clear.
  당신이 왜 다이어트를 시작해야 하는지는 명백해요.
- I don't understand **why it** is so important **to** get up early.
  아침에 일찍 일어나는 것이 왜 그렇게 중요한 건지 이해가 안 돼요.
- I'm not sure **why** exactly it happened.
  그 일이 정확히 왜 일어났는지는 나도 잘 모르겠어요.
- That is **why** I don't like him.
  그것이 바로 내가 그를 좋아하지 않는 이유예요.
- What I don't understand is **why** he never likes musical.
  내가 이해가 안 되는 것은 왜 그가 뮤지컬을 좋아하지 않는가예요.

1 보기에서 알맞은 표현을 골라 문장을 완성하세요.

보기 she decided / you didn't / he was

Do you know why ______ late for work yesterday?
그가 어제 왜 회사에 지각했는지 아세요?

I can't tell you why ______ to break up with her boyfriend.
그녀가 왜 남자친구와 헤어지기로 했는지 나는 말해 줄 수 없어요.

May I ask why ______ accept their offer?
왜 당신이 그들의 제안을 받아들이지 않았는지 물어봐도 될까요?

2 다음 질문에 맞는 답변을 보기에서 고르세요.

a. Do you know why Jane skipped her swimming lesson yesterday? ______
어제 제인이 왜 수영 강습에 빠졌는지 아세요?

b. Can you tell me why James wants to quit the job? ______
제임스가 왜 직장을 그만두고 싶어 하는지 말해 줄 수 있어요?

c. Can I ask you why you don't eat peaches? ______
왜 복숭아를 안 먹는지 물어봐도 될까요?

보기 ① It looks like he wants to start his own business.
자기 사업을 시작하고 싶은 것 같아요.
② I am allergic to them.
복숭아 알레르기가 있어요.
③ I heard she had a bad cold.
제가 듣기로는 독감에 걸렸대요.

정답 1. he was / she decided / you didn't
2. a - ③ / b - ① / c - ②

when

언제 ~인지, 언제 ~하는지

Grace Do you know **when** Jane will be back from Paris? I think she left 2 weeks ago.

Ryan Sorry, I'm not sure exactly when she'll be back.

Grace 제인이 파리에서 언제 돌아오는지 아세요? 제 생각엔 2주 전에 떠난 것 같은데. **Ryan** 죄송하지만, 그녀가 정확히 언제 돌아올지 모르겠어요.

회화에서 뽑은 문법

'when+주어+동사'로 이루어진 when 명사절은 **'언제 ~인지', '언제 ~하는지'** 등에 대해서 말해 줍니다. 문장 안에서 주어, 목적어, 보어 자리에 올 수 있죠. 다른 절과 마찬가지로 when절이 주어 자리에 올 때 **단수로 취급**한다는 것을 기억하세요. 또 when은 to부정사와 함께 쓰여서 '언제 ~해야 할지'라는 의미로도 자주 쓰입니다.

- **When** the sun rises keeps changing.
  태양이 언제 떠오르는지는 계속 바뀌어요.
- **When** the ceremony will be held is written on the poster.
  기념식이 언제 거행되는지가 포스터에 적혀 있어요.
- I can't tell you **when** he'll be available.
  그가 언제 시간이 날지 말해 드릴 수 없어요.
- Do you know **when** John came home?
  존이 집에 언제 왔는지 아세요?
- I want to know **when** the accident happened.
  그 사고가 언제 난 건지 알고 싶어요.
- Just let me know **when to** stop.
  언제 멈춰야 할지 그냥 알려 주세요.

Review Quiz

1 보기에서 알맞은 표현을 골라 문장을 완성하세요.

보기 you are / we talked / I would / the meeting will

Please let me know when __________ available.
당신이 언제 시간이 나는지 알려 주세요.

Do you know when __________ end?
회의가 언제 끝나는지 아세요?

I remember when __________ about our dreams.
저는 우리가 우리의 꿈 얘기를 하던 때가 기억나요.

He asked me when __________ move to the country.
그는 내게 언제 시골로 이사를 하는지 물어보았다.

2 괄호 안에 주어진 단어들의 시제를 바꿔 문장을 완성하세요.

Do you know when __________ built? (this castle / is)
이 성이 언제 지어졌는지 아세요?

I vividly remember when my __________ first. (son / walk)
나는 우리 아들이 처음 걸었던 때를 생생히 기억해요.

Could you tell me when __________ to this stop?
(the first bus / come)
이 정류장에 첫 버스가 언제 오는지 좀 알려 주시겠어요?

I want you to check when __________. (the concert / start)
그 공연이 언제 시작하는지 당신이 확인 좀 해 주면 좋겠어요.

단어
available 시간이 있는, 여유 있는 vividly 생생하게

정답 1. you are / the meeting will / we talked / I would
2. this castle was / my son walked / the first bus comes / the concert starts

가정법 현재와 가정법 과거

만약 ~라면

May **If** you **were** me, **would** you run the marathon?

Fiona Yes, **I would**. But **if** my leg still **hurts**, **I would** just give up.

May 만일 네가 나라면 그 마라톤을 뛰겠니? **Fiona** 응, 그럴 거야. 하지만 내 다리가 여전히 아프다면, 난 그냥 포기하겠어.

회화에서 뽑은 문법

가정법은 조건과 가정으로 나눌 수 있는데요, '만일 ~라면'의 뜻으로 앞으로 일어날 일에 대한 **조건을 말할 때는 가정법 현재형**을 씁니다. 즉 if절의 동사를 미래형이 아닌 현재형으로 쓴다는 것이죠. 그러나 지금 일어나고 있는 일에 대해서 그 **반대의 경우를 가정한다면** if절에 과거시제를 쓰는 **가정법 과거형**을 쓰는데, be동사는 주어의 인칭이나 수에 상관없이 늘 were를 씁니다. '만일 ~라면 …할 텐데(사실은 그렇지 못해서 안타깝다)'라고 말하려면 보통 주절에서 would나 could를 씁니다. 조심스럽게 조언할 때에도 가정법 과거를 쓸 수 있는데요, 이때는 if절을 생략하기도 합니다.

- **If** I **go** to the party, **will** you go too?
  내가 그 파티에 간다면, 너도 갈 거니?
- **If** Jane **were** here, she **would** be so happy.
  만일 제인이 (지금) 여기 있다면, 그녀는 무척 기뻐했을 텐데.
- **If** I **had** more time, I **would** go visit my uncle in Seattle.
  만일 내가 (지금) 좀 더 시간이 있다면, 나는 시애틀에 사시는 삼촌을 뵈러 갈 거예요.
- (**If** I **were** you) I **wouldn't** say that to John.
  (만일 내가 당신이라면) 나는 존에게 그런 말을 하진 않을 거예요. (조언)

Review Quiz

1 보기에서 알맞은 표현을 골라 문장을 완성하세요.

보기 you don't / it's sunny / you are

If ____________ tomorrow, we will go to the beach.
내일 해가 나면 우린 바닷가에 갈 거예요.

Will you quit your job if ____________ offered a new job?
만약에 새로운 직장을 제안받으면 일을 그만둘 건가요?

If ____________ hurry, you will miss your train.
서두르지 않으면 기차를 놓치게 될 거예요.

2 보기에서 알맞은 표현 2개를 짝지어 가정법 문장으로 만들어 보세요.

보기 drink / get / want / won't be

A If you ____________ a chance to go abroad, where do you ____________ to visit?
해외에 나갈 기회가 생긴다면 어디를 가 보고 싶으세요?

B Well, I want to go to some countries in South America.
글쎄요, 저는 남미의 몇 나라를 가 보고 싶어요.

A If you ____________ that much coffee, you ____________ able to sleep at night.
그렇게 커피를 많이 마시면 밤에 잠을 못 잘 거예요.

B It's okay, because I have to work all night.
괜찮아요, 밤새 일을 해야 하거든요.

정답 1. it's sunny / you are / you don't
2. get, want / drink, won't be

가정법 과거완료

~했었을 텐데

Jim **If** I **had known** that Jane was so sick,
I **would have gone** to see her at the hospital.

Rosy **If** Jane **had seen** you, she **would have been** really excited.

Jim 만약에 제인이 그렇게 아팠다는 걸 알았더라면, 난 병원으로 그녀를 보러 갔었을 거야.
Rosy 만일 제인이 널 봤다면, 정말 기뻐했었을 거야.

회화에서 뽑은 문법

과거에 일어난 일에 대해서 그 반대 경우를 상상하고 가정하면서 얘기할 때에는 가정법 과거완료를 씁니다. **'If+주어+had+과거분사, 주어+would/could/might+have+과거분사'**는 '만일 ~가 …였더라면, ~는 …했었을 텐데'라는 뜻입니다. '~했었을 것이다'는 would have, '~할 수 있었을 것이다'는 could have, '~이었을지도 모른다'는 might have로 사용하면 됩니다. would, could 등은 have와 would've, could've로 줄여 말하는 경우가 대부분입니다. 발음할 때 [우릅], [쿠릅]처럼 들리죠. if절에 동사 have가 쓰일 경우엔 앞의 had와 겹쳐서 had had가 쓰일 수도 있으니 주의하세요. '과연 ~이었을까요?'라는 의문문은 'Would+주어+have+과거분사 ~?'로 표현합니다.

- **If** I **had been** his teacher, I **would have kept** encouraging him.
  만일 내가 그의 선생님이었다면, 나는 계속 그를 응원했을 거야.
- **If** your boss **had found out** about it, he **would have been** so mad.
  만일 너의 상사가 이것에 대해서 알아 버렸더라면, 그는 무척 화를 냈을 거야.
- **If** I **had had** a dog like that, **would** I **have been** happier?
  만일 내가 그런 개를 가지고 있었더라면, 나는 더 행복했을까?
- **Would** you **have recognized** him **if** he **hadn't had** plastic surgery?
  만일 그가 성형수술을 하지 않았었다면, 당신은 그를 알아볼 수 있었을까요?

Review Quiz

1 괄호 안에 주어진 동사를 올바른 형태로 바꿔 문장을 완성하세요.

If I __________ rich, I would've traveled around the world. (be)

내가 부자였다면, 난 세계여행을 갔었을 거예요.

If I __________ it myself, I would never have believed it. (not see)

내가 직접 그것을 보지 않았더라면, 난 절대 믿지 않았을 거예요.

If I __________ anything about his past, I would've believed him. (not know)

내가 그의 과거에 대해 아무것도 몰랐었다면, 난 그를 믿었었을 거예요.

If I __________ more time, I could've helped you. (have)

내게 시간이 더 있었더라면, 난 너를 도울 수도 있었을 거야.

2 빈칸에 알맞은 표현을 넣어 가정법 문장을 완성하세요.

As I didn't know her phone number, I couldn't give it to you.
→ If I __________ her phone number, I __________ it to you.

내가 그녀의 전화번호를 알았었다면, 너에게 알려 줄 수 있었을 텐데.

As I didn't have enough time, I couldn't write a better report.
→ If I __________ enough time, I __________ a better report.

내게 시간이 충분했다면, 좀 더 나은 보고서를 쓸 수 있었을 거예요.

단어
travel 여행하다 past 과거, 지난날 enough 충분한

정답 1. had been / had not seen / had not known / had had
2. had known, could've given / had had, could've written

MP3와 저자 강의를 들어 보세요

DAY 081~090

DAY 081 **if 조건절**
혹시 ~하게 된다면

DAY 082 **가정법 변형**
~였다면 …했을 텐데

DAY 083 **도치로 강조하기**
문장 구조의 순서 바꾸기

DAY 084 **주어 자리에 올 수 있는 다양한 형태**
단순 명사, to부정사, 동명사, 가주어 it...

DAY 085 **거절하기**
~을 거절하다, ~을 거절당하다

DAY 086 **동의하기**
~에 동의해요, ~하는 데 동의해요

DAY 087 **사과하기**
~에 대해 사과드려요

DAY 088 **칭찬하기**
~을 칭찬하다, ~을 인정받다

DAY 089 **조언하기**
~하라고 조언해 주다

DAY 090 **부정하기**
~가 아니에요

if 조건절

혹시 ~하게 된다면

Mike **If** we **don't** leave for the station before 2 p.m., we **will** miss the train.

Sarah So **if** I'**m** late, **don't** wait.

Mike Okay, but **if** it **rains**, we'**ll** have to cancel the plan.

Mike 만약에 우리가 오후 2시 전에 역으로 떠나지 않는다면, 우리는 기차를 놓치게 될 거예요. **Sarah** 그러니 만일 제가 늦는다면 기다리지 마세요. **Mike** 좋아요. 하지만 만약에 비가 온다면 우린 계획을 취소해야 할 거예요.

회화에서 뽑은 문법

앞으로 있을 일에 대해 **현재 상황을 근거로 조건을 달아 말할 때는 if 조건절**로 표현합니다. 조건절의 동사 시제는 현재형을 쓰는데, 뒤에 이어지는 '그렇다면 이렇게 될 것이다'라고 말하는 부분의 시제는 현재형 또는 미래형을 쓰기도 합니다. if 조건절에서 '혹시라도 ~하게 된다면'처럼 조건을 말할 때 should를 쓸 수도 있는데, if를 생략하고 바로 **'Should+주어'**의 순서로 말할 수도 있습니다. 마지막으로, if 조건절에서 be동사의 과거형 'were to+동사'가 쓰이면 실제로 거의 일어날 확률이 없거나 의지, 각오에 대한 조건을 말하는 것이 된다는 것도 알아 두세요.

- **If** you **keep** working hard, you **will** succeed.
  만일 당신이 계속 열심히 노력한다면, 당신은 성공할 거예요.
- **If** you **should** see Jane(= **Should** you **see** Jane), please **tell** her to call me.
  혹시라도 네가 제인을 보게 되면, 나한테 전화해 달라고 말해 줘.
- **If** you **were to pass** the interview, you **need to practice** more.
  만일 당신이 인터뷰에서 합격하고자 한다면, 연습을 더 많이 해야 합니다.
- **If** the sun **were to come up** in the west, I **will change** my mind.
  만일 해가 서쪽에서 뜬다면, 그때 내 마음을 바꿀게.

Review Quiz

1 괄호 안에 주어진 동사를 올바른 형태로 바꿔 문장을 완성하세요.

If she arrives a little earlier, she __________ John. (meet)
그녀가 조금 더 일찍 도착한다면, 존을 만날 거예요.

If you __________ the driving test this time, I will buy you a car. (pass)
네가 이번에 면허시험에 합격한다면, 내가 차를 사줄게.

If he truly apologizes to me, I __________ him. (forgive)
그가 내게 진심으로 사과를 한다면, 난 그를 용서할 거예요.

2 뒤에 이어지는 말을 보기에서 골라 문장을 완성해 보세요.

a. If you are hungry ______
네가 배가 고프다면

b. If we don't leave right now ______
지금 당장 떠나지 않으면

c. If you want to succeed ______
성공하고 싶으면

보기
① you need to work harder.
더 열심히 일해야 합니다.
② we won't get there on time.
우린 제시간에 거기 도착하지 못할 거예요.
③ I can make you more pasta.
내가 파스타를 더 만들어 줄 수 있어.

단어
arrive 도착하다 early 일찍, 이른 apologize 사과하다 succeed 성공하다 on time 제시간에, 정각에

정답 1. will meet / pass / will forgive
2. a - ③ / b - ② / c - ①

가정법 변형

~였다면 …했을 텐데

Kate **I wish you were** here with me.

Oscar **If it had not been for** this project, I **would've gone** on that trip with you.

Kate **Had** John **helped** you, you **would've been able to** have a vacation.

Kate 너도 나와 여기 있었으면 얼마나 좋을까. **Oscar** 이 프로젝트만 아니었다면, 너와 함께 이번 여행을 갔었을 텐데. **Kate** 존이 너를 도와줬었다면, 네가 휴가를 갈 수 있었을 텐데 말이야.

회화에서 뽑은 문법

이번에는 또 다른 가정을 나타내는 표현들입니다. '~라면 참 좋을 텐데 아쉽다'는 표현은 **'주어+wish ~'**로 시작합니다. 가정법 현재시제 종속절의 be동사는 주어에 상관없이 were를 써야 합니다. '만일 ~가 없었더라면'의 뜻으로 **'If it had not been for+명사'**로 시작할 수도 있습니다. 또 **'Had+주어+과거분사, 주어+would've+과거분사'**로도 표현할 수 있는데 이 표현은 시제가 헷갈리기 쉬우므로 주의해야 합니다.

- **I wish I knew** where John is.
  존이 지금 어디 있는지 내가 알고 있다면 좋을 텐데.
- **Had** John **told** Jane, she **would've understood**.
  존이 제인에게 말을 했더라면 제인은 이해했을 거예요.
- **If it hadn't been for** your advice, I **couldn't have made** it.
  당신의 조언이 없었다면, 나는 그것을 해낼 수 없었을 거예요.
- **If it wasn't been for** your help, **I would be** lost.
  당신의 도움이 없다면, 난 길을 잃을 거야.

Review Quiz

1 빈칸에 알맞은 표현을 넣어 문장을 완성하세요.

I am sorry that I am not tall.
→ I wish I ________ a little taller.
키가 좀 더 컸다면 좋을 텐데.

Without his help, I could not run my business.
→ ________ his help, I could not run my business.
그의 도움이 없다면, 나는 사업을 운영할 수 없을 거예요.

I am sorry that I couldn't help you then.
→ I wish I could ________ you then.
그때 제가 당신을 도울 수 있었으면 좋았을 텐데요.

2 빈칸에 알맞은 표현을 넣어 문장을 완성하세요.

________ for my uncle's advice, I would ________ too much money.
삼촌의 조언이 없었다면, 나는 지나치게 많은 돈을 썼을 거예요.

________ she known his intention, she would ________ accepted his offer.
그녀가 그의 의도를 알았더라면, 그의 제안을 받아들이지 않았을 거예요.

I wished I ________ an instrument when I was young.
어릴 때 악기를 배웠었더라면 얼마나 좋았을까요.

단어
run a business 사업을 하다 intention 의도 accept 받아들이다 instrument 악기, 기구

정답 1. were / But for / have helped
2. But, have spent / Had, not have / had learned

도치로 강조하기

문장 구조의 순서 바꾸기

Bill **Little does she know** about the surprise party.
Should Jane find out, tell her to wait outside.

Clair Sure. You can count on me.

Bill 그 깜짝파티에 대해 그녀는 거의 아는 게 없어요. 만일 제인이 알게 된다면, 밖에서 기다리라고 해주세요. **Clair** 물론이죠. 저만 믿으세요.

회화에서 뽑은 문법

never, little, hardly, seldom 등 '거의 ~하지 않다', '절대로 ~하지 않다'라는 **부정적 의미를 가진 부사들로 문장을 시작**하고, '조동사+주어+형용사/동사'의 순서로 말하면 의미를 더욱 두드러지게 강조할 수 있습니다. **장소, 방향을 뜻하는 부사로 문장을 시작**할 수도 있습니다. 추가로 '~뿐 아니라 … 또한 그러하다'라고 할 때는 **'Not only+조동사+주어'**로 시작합니다. 주어가 사람인 경우나 가능성이 없는 일에 대한 가정법에서는 **'Should+주어+동사'**로 쓰는데 '만일 ~가 …라면'이라는 뜻입니다.

- **Never was I** so excited to travel.
  여행하는데 그렇게 신이 난 적이 없었어요.
- **Little did I** know that I would see you again.
  내가 당신을 다시 보게 될 거라곤 전혀 알지 못했죠.
- **Here comes the sun.**
  여기 태양이 떠오르네요.
- **Down the road ran the bus.**
  도로를 따라서 버스가 달렸지요.
- **Should he arrive** early, let him come in.
  만일 그가 일찍 도착한다면 들어오게 하세요.

Review Quiz

1 도치된 문장의 나머지 부분을 완성하세요.

I have never seen him again since I left him.
→ Never again __________ him since I left him.
나는 그를 떠난 후 다시는 그를 보지 않았다.

He didn't know about his parents until the age of 20.
→ Not until the age of 20 __________ about his parents.
스무 살이 될 때까지 그는 자기 부모님에 대해 알지 못했다.

I little dreamed that she would come to see me.
→ Little __________ that she would come to see me.
나는 그녀가 나를 만나러 오리라고는 꿈도 꾸지 못했다.

2 빈칸에 알맞은 표현을 넣어 문장을 완성하세요.

Hardly ever did she exercise when she was young.
→ She __________ when she was young.
그녀는 젊을 때 운동을 거의 하지 않았다.

__________ Steve meet his friends.
→ Steve meets his friends only on the weekends.
스티브는 주말에만 친구를 만난다.

Not only does she sing well but she also writes songs.
→ She __________ well but she also writes songs.
그녀는 노래를 잘 할뿐만 아니라 곡도 쓴다.

단어
until ~까지

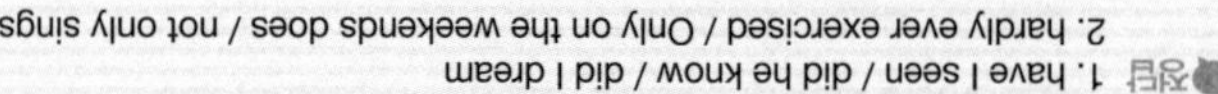

정답 1. have I seen / did he know / did I dream
2. hardly ever exercised / Only on the weekends does / not only sings

주어 자리에 올 수 있는 다양한 형태

단순 명사, to부정사, 동명사, 가주어 it...

Sarah **Kimchi** is difficult to make.

Jina **Making kimchi** is such a challenge for me too.

Sarah **It**'s never too late to learn how to make kimchi now.

Jina Yeah, you're right.

Sarah 김치 만들기는 어려워. **Jina** 김치를 만드는 건 나한테도 굉장히 어려워. **Sarah** 김치를 어떻게 만드는지 지금 배워도 절대 늦은 게 아니야. **Jina** 응, 네 말이 맞아.

회화에서 뽑은 문법

주어 자리에는 다양한 형태가 올 수 있습니다. 첫 번째로 **단순 명사**는 단수/복수를 의미하는 명사뿐 아니라 접속사 and 등으로 연결되어 여럿을 가리키는 형태로도 주어 자리에 올 수 있습니다. 두 번째는 **to부정사와 동명사**입니다. '~하는 것', '~하기'라는 뜻으로 주어 자리에 올 수 있습니다. 세 번째 **가주어 it**에 대해 살펴볼까요? 원래 주어 자리에 와야 할 내용이 길거나 복잡할 때 이를 문장 뒤쪽으로 밀어 두고 앞에는 임시로 주어 자리를 대신해 주는 it도 주어 자리에 올 수 있습니다.(참고 Day 64) 보통 'It ~ that …' 구문 또는 'It ~ to부정사' 구문이라고도 합니다.

- **John** is Jane's friend.
  존은 제인의 친구예요.
- **To have** a good friend is important.
  좋은 친구가 있다는 것은 중요합니다.
- **Learning** a foreign language can help you.
  외국어를 배우는 것은 당신에게 도움이 될 수 있습니다.
- **It**'s not a good idea **to** go to Europe alone.
  유럽으로 혼자 여행을 간다는 것은 별로 좋은 생각은 아니죠.

Review Quiz

1 **보기에서 알맞은 표현을 넣어 문장을 완성하세요.**

보기 To skip / The most expensive car / Exercising / Teaching

________ regularly is very hard for me.
규칙적으로 운동하는 것은 제게 너무 힘들어요.

________ breakfast is not a good idea.
아침을 거르는 것은 좋은 생각이 아니에요.

________ young children needs a lot of patience.
어린아이들을 가르치는 데는 많은 인내심이 필요해요.

____________ in this dealership is over 100 million won.
이 매장에서 가장 비싼 차는 1억이 넘어요.

2 **괄호 안에서 알맞은 표현을 골라 문장을 완성하세요.**

A (Drive / To drive) in this kind of weather is not advisable.
이런 날씨에 운전하는 것은 별로 권할 만하지 않아.

B I agree. So I just took a taxi.
그러게 말이야. 그래서 택시를 탔어.

A (You smoke / Smoking) is not good for your health.
흡연은 몸에 해로워요.

B I know. That's why I quit smoking a few years ago.
맞아요. 그래서 몇 년 전 담배를 끊었죠.

단어
regularly 정기적으로, 규칙적으로 patience 참을성, 인내력 dealership (승용차) 대리점

정답 1. Exercising / To skip / Teaching / The most expensive car
2. To drive / Smoking

거절하기

~을 거절하다, ~을 거절당하다

Matt I **rejected** the job offer from ABC.

Jim What? You **turned down** their offer?

Matt I **declined** the offer because I never liked the company.

Matt ABC사로부터의 취업 제안을 거절했어. **Jim** 뭐? 그들의 제안을 거절했다고? **Matt** 난 그 회사를 좋아하지 않았기 때문에 그 제안을 거절한 거야.

회화에서 뽑은 문법

일상생활에서 거절할 때 쓰는 표현들을 알아볼까요? 우선, 거절을 의미하는 어휘에는 **reject**, **refuse**, **decline** 등의 단어들과 **turn down**과 같은 구동사가 있습니다. '어떤 것을 거절하다'라고 할 때 대개 '주어+동사+목적어'로 간단히 표현하면 되지만 '누가 ~을 거절당하다'라고 할 때는 '주어+be동사+과거분사'로 표현할 수 있습니다. 또 동사가 아닌 **rejection**, **refusal**, **decline** 등의 명사를 give와 같은 동사의 목적어로 활용해서도 거절을 표현할 수 있습니다.

- The company **rejected** our offer.
  그 회사는 우리의 제안을 거절했다.
- Our suggestion **was declined** by the company.
  우리의 제안은 그 회사로부터 거절당했다.
- **Rejections** happen.
  거부하는 일은 흔히 있기 마련이죠.
- They gave us a flat **refusal**.
  그들은 우리를 딱 잘라 거절했다.

1 **괄호 안에서 알맞은 표현을 골라 문장을 완성하세요.**

I was shocked by his (rejection / turned down / was declined).
나는 그의 거절에 충격을 받았다.

They formally (were refused / turned down / refusal) the proposal.
그들은 공식적으로 그 제안을 거절했다.

I was embarrassed when my credit card (was rejection / was declined / was refusing).
나는 내 신용카드가 거부됐을 때 당황스러웠다.

2 **밑줄 친 부분을 수동태 또는 능동태로 바꿔 보세요.**

What should I do if <u>everyone rejects my idea</u>?
→ --
모두가 내 아이디어를 거절한다면 어떻게 하죠? (→ 모두에게 내 아이디어가 거절당한다면)

I don't know why <u>my invitation was turned down by her</u>.
→ --
나는 왜 내 초대가 그녀에게 거절당했는지 모르겠어요. (→ 그녀가 내 초대를 거절했는지)

He wanted to see her parents, but <u>he was refused (by them)</u>.
→ --
그는 그녀의 부모님을 만나고 싶어 했지만, 그들에게 거절당했다. (→ 그들은 그를 거절했다)

단어
shocked 충격을 받은 formally 공식적으로, 형식적으로 embarrassed 당황스러운

정답 1. rejection / turned down / was declined
2. my idea is rejected by everyone / she turned down my invitation / they refused him

동의하기

~에 동의해요, ~하는 데 동의해요

Logan Do you **agree with** me?

Mia Yes, I do. I **agree on** your idea.

Logan So you **agree to** go to Jeonju with me to work?

Mia No, I don't **agree to** go to Jeonju to work with you there. But I do **agree to** just go on a trip.

Logan 나한테 동의해요? **Mia** 네, 그래요. 당신의 생각에 동의해요. **Logan** 그러니까 나와 전주에 함께 일하러 가는 것에 동의하는 거죠? **Mia** 아니요, 전주에 일하러 가는 것은 동의하지 않아요. 하지만 그저 여행 가는 것은 동의하죠.

회화에서 뽑은 문법

agree는 '동의하다'라는 의미의 동사인데 뒤에 어떤 전치사가 오느냐에 따라 의미가 달라집니다. agree 다음에 **'with+사람'**이 올 경우에는 '~에 동의하다'라는 의미가 되고, 뒤에 **'on+생각/제안'**이 오면 '그 제안/생각에 동의하다'라는 뜻이 되죠. 전치사가 아니라 to부정사와 함께 쓰이는 경우도 있는데요, 그때는 **'agree+to부정사'**의 형태로 쓰여서 문장의 주어인 사람이 '~하는 데 동의하다'라는 의미가 됩니다.

- I **agree with** you.
  난 당신에 동의해요.
- Did you **agree on** her suggestion?
  당신은 그녀 제안에 동의했나요?
- I **agreed on** the suggestion.
  난 그 제안에 동의했습니다.
- Jane **agreed with** me **on** the idea.
  제인은 그 아이디어에 대해 나와 동의했죠.
- Do you **agree to** do this?
  당신은 이것을 하는 것에 동의하나요?
- Let's **agree to** disagree.
  우리 서로 의견이 다른 것에 동의하자고요.

Review Quiz

1 알맞은 형태의 agree와 적절한 전치사를 넣어 문장을 완성하세요.

He said he ________________ us in principle.
그는 원칙적으로 우리에게 동의한다고 말했다.

I think no one ________________ his stupid idea.
나는 누구도 그의 바보 같은 생각에 동의하지 않는다고 생각한다.

I said we should cancel the meeting, but he didn't ________________ me.
나는 그 회의를 취소해야 한다고 말했지만, 그는 내게 동의하지 않았다.

We talked about the summer vacation and we all ________________ go to Jeju Island.
우리는 여름휴가에 관해 얘기를 나누었고 모두 제주도에 가기로 합의했다.

2 괄호 안에서 알맞은 표현을 골라 문장을 완성하세요.

I don't trust him 100% but I (agree to / agreed on / agreed with) accept his offer.
나는 그를 100% 신뢰하지는 않지만, 그의 제안을 받아들이는 데 동의한다.

They finally (agrees to / agreed on / agree with) the terms of the contract and signed it.
그들은 마침내 계약 조건에 합의하고 계약서에 서명했다.

Why did you (agreed on / agree with / agrees to) him on his unreasonable request?
당신은 왜 그의 부당한 요구에 대해 그에게 동의했나요?

단어
in principle 원칙적으로 the terms of contract 계약 조건 unreasonable 부당한, 불합리한

정답 1. agreed with / agrees on / agree with / agreed to
2. agree to / agreed on / agreed with

사과하기

~에 대해 사과드려요

Glen I'd like to **apologize to** you.

Emma What do you **want to apologize for**?

Glen I feel bad about what I said to you last night.

Emma That's okay. Your **apology is accepted**.

Glen 당신에게 사과하고 싶어요. **Emma** 무엇에 대해서 사과하고 싶은 거예요? **Glen** 어젯밤 당신에게 한 말에 대해 마음이 안 좋아요. **Emma** 괜찮아요. 사과를 받아들일게요.

회화에서 뽑은 문법

사과할 때 가볍게 I'm sorry라고 하는 것보다 좀 더 정중하고 격식을 갖춰 사과해야 할 때가 있습니다. 그때는 apologize를 활용하는데요, 이 단어도 뒤에 전치사를 경우에 맞춰서 잘 써야 합니다. '어떤 대상에게 사과하다'는 **'apologize+to+명사'**, '어떤 것에 대해서 사과하다'는 **'apologize+for+명사/명사구/명사절'**, '~가 …한 것에 대해 사과하다'라고 하려면 **'apologize+for+명사절'**을 쓰고, '~가 …해서 사과하다'는 **'apologize+that절'**로 표현합니다. '사과를 받아들인다'고 할 때는 **accept the apology**라고 하고 이를 수동태로 쓰기도 합니다.

- Did he **apologize to** you?
  그 남자는 당신에게 사과했나요?
- She must **apologize for** her mistake.
  그녀는 자신의 실수에 대해 사과해야 해요.
- I should **apologize for** what I've done.
  나는 내가 저지른 행동에 대해 사과를 해야겠어요.
- I **apologize that** I haven't called you for so long.
  오랫동안 당신에게 연락하지 않은 것에 대해 사과드려요.
- Their **apology hasn't been accepted**.
  그들의 사과는 받아들여지지 않았어요.

Review Quiz

1 apologize와 적절한 전치사를 넣어 문장을 완성하세요.

I ______________ I haven't replied to you earlier.

당신에게 더 일찍 답신하지 못한 것에 대해 사과드립니다.

He wants to ______________ me but I don't want to talk to him anymore.

그는 내게 사과하고 싶어 하지만 나는 더 이상 그와 얘기하고 싶지 않다.

I have to ______________ what happened at the meeting.

회의에서 있었던 일에 대해 사과드려야겠군요.

2 보기에서 알맞은 표현을 골라 대화를 완성하세요.

보기 his apology / apologize to / apologized sooner for / apologized that

A Did Tommy ______________ you?

토미가 당신에게 사과했나요?

B Yes, he ______________ he was rude to me.

네, 자기가 무례했다고 사과했어요.

A He should have ______________ what he said.

그는 자기가 한 말에 대해 좀 더 일찍 사과했어야 해요.

B He promised not to do so again, and I accepted ______________.

그는 다시는 그러지 않겠다고 약속했고, 난 그의 사과를 받아들였어요.

단어
rude 무례한

정답 1. apologize that / apologize to / apologize for
2. apologize to / apologized that / apologized sooner for / his apology

칭찬하기

~을 칭찬하다, ~을 인정받다

Dave Everyone **complimented** Jane on her great presentation.

Cathy That's right. Her presentation **was** highly **praised**.

Dave She deserves to **be** well **recognized**.

Dave 모두 다 제인의 훌륭한 발표를 칭찬했어요. **Cathy** 맞아요. 그녀의 발표는 높이 칭찬받았죠.
Dave 그녀는 마땅히 인정받을 자격이 있어요.

회화에서 뽑은 문법

칭찬을 나타내는 대표적 단어들로는 **compliment, praise, recognize** 등이 있습니다. compliment는 '칭찬'이라는 뜻의 명사로도 쓰여서 pay a compliment to ~라고 하면 '칭찬을 건네다'라는 뜻의 숙어가 됩니다. praise는 '칭찬하다', '칭송하다'라는 뜻에서 '찬양하다'라는 의미로까지 확대가 되는데, 동사와 명사 둘 다로 쓰입니다. 뒤에 for를 쓰면 칭찬하는 이유까지 말할 수 있죠. recognize는 사람을 알아보거나 존재나 공헌 등을 '인정하다'라는 뜻의 동사인데, 명사형은 recognition입니다. 수동태로 'be recognized as+명사'로 쓰여서 '~으로 인정받다'라고도 자주 쓰입니다.

- A **compliment** can even make a whale dance.
  칭찬은 고래도 춤추게 할 수 있다.
- We all **praised** her singing.
  우리는 모두 그녀의 노래 실력을 칭송했다.
- Critics **praised** the actor **for** his performance in the movie.
  비평가들은 그 영화에서 그의 연기에 대해 그를 칭송했다.
- The novel **is recognized as** a classic.
  그 소설은 고전으로 인정받고 있다.

1 **괄호 안에서 알맞은 표현을 골라 문장을 완성하세요.**

I want to pay a (complimented / compliment / praises) to all of your team members.
당신의 팀원 모두에게 찬사를 보내고 싶군요.

The little boy was (praised for / praise for / complimented to) his polite behavior.
그 꼬마는 예의 바른 행동으로 칭찬받았다.

She wasn't (recognize as / praised to / recognized as) a writer during her life time.
그녀는 그녀가 살아 있는 동안에는 작가로 인정받지 못했다.

2 **괄호 안에 주어진 단어를 알맞은 형태로 바꿔 문장을 완성하세요.**

Many people think it's important to gain ________ from others. (recognize)
많은 사람들이 타인에게 인정받는 것이 중요하다고 생각한다.

Everyone ________ him on his good looks, but he is not my style. (compliment)
모두가 그의 잘생긴 외모를 칭찬하지만, 그는 내 취향은 아니다.

Her academic achievements are widely ________. (recognize)
그녀의 학문적 업적은 널리 인정받고 있다.

polite 예의 바른 behavior 행동 looks 외모, 겉모습 academic 학문의, 학업의 achievement 업적, 성취

정답 1. compliment / praised for / recognized as
2. recognition / compliments / recognized

조언하기

~하라고 조언해 주다

Josh **If I were you, I would do** the same thing.
I'd like to advise you to keep trying.

Emily Thank you for the **advice**. I'll take it to heart.

Josh 내가 당신이라면, 저도 마찬가지로 했을 거예요. 난 당신에게 계속 시도해 보라고 조언해 주고 싶어요. **Emily** 조언 감사해요. 새겨들을게요.

회화에서 뽑은 문법

상대방에게 충고하거나 조언할 때 많이 쓰는 단어는 **advice**입니다. '충고'라는 뜻의 명사인데, give advice(조언을 주다)로 표현하지요. 셀 수 없는 명사이기 때문에 a piece of advice 또는 some advice라고 합니다. **advise**는 동사로 '충고해 주다'라는 뜻으로 씁니다. '주어+advise+목적어+to부정사'는 '~에게 …을 하도록 조언하다', '주어+give+목적어+some/a piece of advice+on+명사/동명사'로 쓰이면 '~에 대한 조언을 주다'라는 의미로 쓰이죠. 또 하나 충고할 때 자주 쓰이는 표현으로는 가정법을 이용한 표현이 있는데, **'If I were you, I+would+동사원형'**의 형태로, '만일 내가 당신이라면, 나는 이렇게 하겠다'고 돌려서 조언하는 말이 됩니다.

- My father **advised** me **to** be diligent.
  우리 아버지는 나에게 부지런하라고 조언하셨다.
- Jane **gave** me **some** good **advice**.
  제인이 나에게 좋은 조언을 좀 해 줬어요.
- **If you were** in my shoes, **what would** you **do**?
  만일 당신이 내 상황에 놓여 있다면 어떻게 하겠어요?
- **(If I were you) I would** never **do** the same.
  나라면 절대로 그렇게 행동하진 않을 것이다.

Review Quiz

1 보기에서 알맞은 표현을 골라 문장을 완성하세요.

보기 piece of advice / I were / advised to

If __________ in your shoes, I would find another job.
내가 당신 입장이라면, 다른 일을 찾아보겠어요.

He frowned when I gave him a ______________.
내가 그에게 충고를 한마디 하자 그는 얼굴을 찡그렸다.

My father stopped smoking when his doctor strongly __________ do so.
우리 아버지는 의사가 강력하게 권고하자 담배를 끊으셨다.

2 괄호 안에서 알맞은 표현을 골라 문장을 완성하세요.

A I think somebody needs to point out Sally's selfish attitude.
나는 누군가 샐리의 이기적인 태도를 지적해 줘야 한다고 생각해요.

B But we have to be careful when we give (advice / advise) to others.
그렇지만 남에게 충고할 때는 조심해야 해요.

A I want to buy a new cell phone.
새 휴대폰을 사고 싶은데.

B If I were you, I (don't advise / wouldn't) change a phone that I bought six months ago.
나라면, 6개월 전에 산 전화기를 바꾸지는 않겠어.

정답 1. I were / piece of advice / advised to
2. advice / wouldn't

부정하기

~가 아니에요

Sam Do you know **anything** about this group?

Peter Sorry, but I know **nothing** about them.

Sam I see. It's okay.

Sam 이 그룹에 대해 뭐 좀 알아? **Peter** 미안, 하지만 난 그들에 대해 아무것도 아는 게 없어.
Sam 알겠어. 미안해할 것 없어.

회화에서 뽑은 문법

부정을 나타내는 표현들은 다양합니다. any는 '어느', '어떤'이라는 뜻으로 부정문에서 anybody, anymore, any longer 등으로 쓰이죠. 그리고 no, not, neither, never, no one, nor, nothing, nowhere 등도 부정의 의미를 갖습니다. 이때 주의해야 할 것들을 알아볼까요? **neither A nor B**는 'A도 아니고 B도 아니다'라는 뜻으로, 이미 그 안에 not이 들어 있으므로 전체 문장에서 또 not을 쓰지 않습니다. to부정사가 들어간 문장을 부정할 때는 not to로 씁니다. 또 **seldom, hardly, rarely, scarcely**는 모두 '거의 ~하지 않는다' 또는 '결코 ~가 아니다'라는 뜻으로 조동사 do not과 함께 쓰이지 않습니다.

- I don't know **anybody** here.
  전 여기서 아무도 몰라요.
- **Nothing** can change my mind.
  그 어떤 것도 나의 마음을 돌려놓을 수는 없어요.
- I decided **not to** quit the job.
  난 그 일을 그만두지 않기로 결정했다.
- We **hardly** hear from him anymore.
  우리는 이제 그로부터 연락을 거의 받지 않는다.

Review Quiz

1 **보기에서 알맞은 표현을 골라 문장을 완성하세요.**

보기 anyone / nothing / not to tell

There is __________ to worry about. Everything will be solved soon.
아무것도 걱정할 거 없어요. 곧 모든 게 해결될 거예요.

Did __________ call while I was gone?
저 없는 동안에 누구 전화한 사람 있었나요?

He promised __________ a lie again, but no one believes him.
그는 다시는 거짓말하지 않겠다고 약속했지만, 아무도 그를 믿지 않는다.

2 **괄호 안에서 알맞은 표현을 골라 대화를 완성하세요.**

A Did you make up with your boyfriend?
남자친구와 화해했어요?

B No. I've (decided to / decided not to) meet him anymore.
아뇨. 그와는 더 이상 만나지 않기로 했어요.

A When is the best time to visit Korea?
한국을 방문하기에 가장 좋은 때가 언제일까요?

B I'd say either spring or fall. It's (either / neither) too cold nor too hot in those seasons.
봄이나 가을이요. 그 계절에는 너무 춥지도 않고 너무 덥지도 않거든요.

단어
make up with ~와 화해하다

정답 1. nothing / anyone / not to tell
2. decided not to / neither

MP3와 저자 강의를 들어 보세요

DAY 091~100

DAY 091 **감사하기**
~에 대해 감사드려요

DAY 092 **요청하기, 허락 구하기**
~해도 될까요?

DAY 093 **추측하기**
아마 ~일 거예요

DAY 094 **either, too**
마찬가지로 ~해요

DAY 095 **후회하기**
~했어야 했는데, ~하지 말았어야 했는데

DAY 096 **청유하기**
~할래요?, ~합시다

DAY 097 **비교급 만들기**
더 ~해요, 덜 ~해요

DAY 098 **최상급 만들기**
가장 ~해요

DAY 099 **자주 쓰는 관용 표현**
의견 말하기, 조건 말하기, 시기 말하기

DAY 100 **직접화법, 간접화법**
~가 …라고 말했어요

감사하기

~에 대해 감사드려요

Paige All of us **thank you for** your assistance.

Evan No, I should **thank you**.

I deeply **appreciate your help**.

Paige 저희 모두는 당신의 지원에 감사드립니다. **Evan** 아닙니다, 제가 당신에게 감사해야죠. 당신의 도움에 정말 깊이 감사드리고 있어요.

회화에서 뽑은 문법

thank는 '감사하다'라는 동사로 **'주어+thank+대상+for+명사/동명사/that절'**의 형태로 표현합니다. thank 뒤에 ful을 이어서 thankful, 즉 '감사해 하는'이란 뜻의 형용사로 be동사, get, feel 등의 동사와 함께 쓰기도 하죠. thank와 함께 잘 쓰이는 **appreciate**은 '상대방의 깊은 뜻을 헤아리다'라는 뜻으로 도움을 주기 위해 애써 준 것에 대한 감사 표현을 할 때 씁니다. 그 이유나 근거를 바로 뒤에 명사로 쓰거나 that 절로 이어 말하기도 합니다.

- **Thank you for** your hospitality.
  당신의 친절함에 감사드립니다.
- All of us **thank Mrs. Kim for** her service.
  우리 모두는 김 여사님의 봉사에 대해서 감사드립니다.
- Jane **thanked John for giving** her heart-felt advice.
  제인은 존이 진심 어린 조언을 해 준 것에 대해 감사해 했어요.
- We**'re** deeply **thankful for** your help.
  우리는 당신의 도움에 깊이 감사해 하고 있습니다.
- They **appreciated that** I had come a very long way.
  그들은 내가 아주 먼 길을 왔다는 것에 대해 감사해 했어요.

Review Quiz

1 괄호 안에서 알맞은 표현을 골라 문장을 완성하세요.

I am (thank / thankful / appreciate) for everything that my parents did for me.
나는 부모님이 나를 위해 해 주신 모든 일에 감사한다.

He (thanked / appreciated / grateful) me for the offer but turned it down.
그는 그 제안에 대해 내게 감사해 했지만 거절했다.

She really (thankful / appreciates / thank) that I take care of her children while she is at work.
그녀는 자신이 일하는 동안 내가 그녀의 아이들을 돌봐 주는 것을 정말 고마워한다.

2 괄호 안에 주어진 단어를 알맞은 형태로 바꿔 문장을 완성하세요.

Your support will be ____________ by many young people. (appreciate)
당신의 지지에 많은 젊은이들이 감사할 것입니다.

He donates a lot of money for sick children every year, and everyone ____________ it. (appreciate)
그는 매년 아픈 아이들을 위해 큰돈을 기부하고 있는데, 모두 그것을 고마워한다.

She ____________ me for inviting her to my concert yesterday. (thank)
그녀는 어제 나의 공연에 그녀를 초대해 준 데 대해 내게 고마워했다.

단어
donate 기부하다, 기증하다

정답 1. thankful / thanked / appreciates
2. appreciated / appreciates / thanked

요청하기, 허락 구하기

~해도 될까요?

Tracy **Can we sit** outside?

Waiter Of course!

Tracy **Could you get** me some wet tissue first?

Waiter Sure. I'll be right back with some.

Tracy 저희 밖에 앉아도 되나요? **Waiter** 물론이죠! **Tracy** 물티슈를 먼저 가져다주실 수 있을까요? **Waiter** 물론이죠. 바로 가져다드릴게요.

회화에서 뽑은 문법

요청이나 허락을 구할 때 조동사를 활용할 수 있습니다. **Can you ~?, Will you ~?**는 상대방에게 가볍게 어떤 것을 해 달라고 부탁하는 말이고, 더 공손하게 '~을 해 주시겠습니까?'는 **Would you ~?, Could you ~?**로 시작하면 좋습니다. 중간이나 뒤에 please를 붙이면 더욱 공손한 표현이 되죠. 가정법으로 **Would it be alright with you if I ~?, Would it be possible for you to ~?** '제가 ~해도 괜찮을까요?', '당신이 ~해 주는 것이 가능할까요?'라고 물어볼 수 있습니다. 수락한다면 Sure, Yes, Of course로, 거절한다면 No, I can't나 I'm afraid not 등으로 대답할 수 있습니다.

- **Can you** get me some water?
  물 좀 가져다줄래요?
- **Will you** speak louder please?
  좀 더 크게 말해 줄래요?
- **Would you** sit next to John?
  존 옆에 앉으시겠어요?
- **Could you** get us a menu?
  저희에게 메뉴를 좀 가져다주시겠어요?
- **Would it be alright with you if I** go?
  제가 가 봐도 괜찮을까요?
- **Would it be possible for you to do** it?
  당신이 그걸 해 주는 게 가능할까요?

Review Quiz

1 보기에서 알맞은 표현을 골라 문장을 완성하세요.

보기 May I / Could you / Can we

________ get me a cup of coffee?
커피 한 잔 갖다주시겠어요?

________ have your name and telephone number?
당신의 이름과 전화번호를 말해 주시겠어요?

________ leave our valuables at the counter?
우리 귀중품을 카운터에 맡겨도 될까요?

2 다음 질문에 맞는 답변을 보기에서 고르세요.

a. Would it be okay if I ask you something? ______
뭐 좀 물어봐도 될까요?

b. Would you check our departure time again? ______
우리 출발 시간 좀 다시 확인해 주시겠어요?

c. May I change my appointment to a later time? ______
제 진료 시간을 좀 뒤로 바꿀 수 있을까요?

보기 ① Yes. On what date will you be leaving?
네. 며칠에 떠나시나요?
② Sure. What do you want to know?
그럼요. 뭘 알고 싶으세요?
③ I'm sorry but you are the last patient of the day.
죄송하지만 당신이 그날 마지막 환자입니다.

단어
valuables 귀중품 departure 출발 patient 환자

정답 1. Could you / May I / Can we
2. a - ② / b - ① / c - ③

추측하기

아마 ~일 거예요

Jack John is **probably** thinking of quitting.

Anne I **assume** that he already submitted his resignation.

Jack What a loss!

Jack 존은 아마도 일을 그만둘 생각을 하는 중일 거예요. **Anne** 제 추측으로는 그는 아마 이미 사직서를 제출했을 거예요. **Jack** 정말 큰 손실이네요!

회화에서 뽑은 문법

'추측하다'라는 뜻의 대표적인 동사는 **guess, suppose, assume** 등이 있습니다. guess는 다소 막연한 추측일 때, assume은 비교적 근거를 가지고 추측할 때, suppose는 '상상해 보다', '추측하다'라는 뜻입니다. 이 동사들은 '주어+동사+(that)+절'로 써서 '~는 …라고 추측한다'는 의미로 쓰입니다. 또 부사 **maybe, possibly, probably** 등을 사용해서 추측을 말하기도 합니다. maybe는 약 50%, possibly는 약 60~70%, probably는 거의 확실하다는 가능성을 가지고 '결국 ~일 것이다'라고 할 때 씁니다.

- I **guess** (that) Jane is seeing someone.
  내 추측에 제인이 누군가를 사귀고 있는 것 같아요.
- I **suppose** (that) the stores are probably all closed today.
  제 생각에 오늘 모든 가게들은 문을 닫았을 거예요.
- I **assume** (that) he is right.
  그가 옳다고 여겨져요.
- **Maybe** Jane will not come.
  어쩌면 제인은 오지 않을 수도 있어요.
- Jane will **probably** turn down the invitation.
  제인은 아마 그 초대를 거부할 거예요.

Review Quiz

1 **보기에서 알맞은 표현을 골라 문장을 완성하세요.**

보기 Maybe she will not / I supposed she was / She will probably

________ from England after hearing her speak.
나는 그녀가 말하는 것을 듣고 영국 출신이라고 생각했어요.

I told Jane that you're here. ________ come to see you.
내가 제인에게 당신이 여기 왔다고 말했거든요. 아마도 틀림없이 당신을 보려고 그녀가 올 거예요.

I heard Susan had a cold. ________ come to this party.
수잔이 감기에 걸렸다고 들었어요. 그녀는 이 파티에 아마 못 올지도 몰라요.

2 **괄호 안에서 알맞은 표현을 골라 대화를 완성하세요.**

A Do you think Sam will accept our proposal?
샘이 우리 제안을 받아들일 거 같아요?

B I (guess / guesses / guessed) he will give us a positive answer.
내 생각엔 우리에게 긍정적인 답변을 줄 거라고 봐요.

A I (assume / assumes / assumed) he would accept it after the last meeting.
나는 지난 회의 후에 그가 제안을 받아들일 거라고 생각했어요.

B (Maybe he / He will probably) needs some more days to discuss with his team.
아마 자기 팀과 논의하느라 며칠 더 필요한 거겠죠.

정답 1. I supposed she was / She will probably / Maybe she will not
2. guess / assumed / Maybe he

either, too

마찬가지로 ~해요

Jim I like watching comedy films.

Vicky Me, **too.** Jim Carrey is my favorite actor.

Jim But I don't like action films.

Vicky Me, **neither**. Sometimes they have too much violence.

Jim 저는 코미디 영화 보는 거 좋아해요. **Vicky** 저도요. 짐 캐리는 제가 제일 좋아하는 배우죠.
Jim 하지만 저는 액션 영화는 좋아하지 않아요. **Vicky** 저도요. 때로 폭력성이 너무 강해서요.

회화에서 뽑은 문법

상대방의 말을 듣고 자신도 마찬가지라고 답할 때 too 또는 either를 쓸 수 있습니다. **too는 긍정문에서 '~도 역시'라는 뜻**으로 주어나 절 뒤에 쓰입니다. too 대신에 also를 쓸 수도 있는데 '~도 또한'이라는 의미를 나타냅니다. **either는 상대의 부정문인 말에** '~도 또한 (안)그렇다'고 맞장구를 칠 때 씁니다. neither 역시 either와 같이 쓰이죠. either는 앞에 don't/doesn't이 들어간 부정문에서 '둘 중 아무것도(해당되지 않는다)'라는 뜻으로 쓰이기도 하지만 앞서 나왔던 neither는(참고 Day 68) not을 따로 또 쓰지 않고 '그중 아무것도 해당되지 않는다'는 의미로 쓰입니다.

- I like kimchi.
  저는 김치를 좋아해요.
  ↳ Me, **too.** / I do, **too.** / I like kimchi, **too.** 저도 좋아해요.
  Jane **also** likes kimchi. / Jane likes kimchi, **too.** 제인도 좋아해요.

- I don't like either of them.
  전 그것들 중 아무것도 마음에 들지 않습니다.
  ↳ I don't, **either.** 저도 마음에 들지 않아요.

Review Quiz

1 **괄호 안에서 알맞은 표현을 골라 문장을 완성하세요.**

He suggested two options to me but I didn't like (also / neither / either) of them.
그는 내게 두 가지 선택 사항을 제안했지만 나는 어느 쪽도 마음에 들지 않았다.

My sister is (either / also / neither) afraid of dogs like me.
내 여동생도 나처럼 개를 무서워한다.

As you mentioned, I don't think it looks promising (either / too / neither).
당신이 언급한 것처럼, 저도 그 일이 전망이 밝다고 생각하지 않아요.

Everyone said we should change our plan, and I agreed (either / neither / too).
모두 우리의 계획을 바꿔야 한다고 말했고, 나도 동의했다.

2 **괄호 안에서 알맞은 표현을 골라 대화를 완성하세요.**

A What is it like to travel Europe? I've never been there.
유럽을 여행하면 기분이 어떨까요? 난 한 번도 가 본 적이 없어요.

B Me (too / neither / also). I want to go to Southern Europe like Spain or Greece.
나도 없어요. 난 스페인이나 그리스 같은 남유럽으로 가 보고 싶어요.

B I (too / neither / also) want to live there for once.
나는 또 그곳에서 한 번쯤 살아 보고 싶어요.

A Me (either / too / neither). It would be fantastic!
나도 그래요. 그렇다면 정말 멋질 거예요!

정답 1. either / also / either / too
2. neither / also / too

후회하기

~했어야 했는데, ~하지 말았어야 했는데

Noah It **must've been** tough to get here.

Zoe We **shouldn't have taken a taxi**.
I **wouldn't have taken a taxi** if I'd known the traffic would be this bad.

Noah 여기 오기 정말 힘들었겠다. **Zoe** 우린 택시를 타지 말았어야 했어. 길이 이렇게 막힐 줄 알았다면, 택시를 타지 않았을 거야.

회화에서 뽑은 문법

'should have(should've)+과거분사'는 '~했어야 했는데'하면서 과거의 행동을 후회할 때 쓰는 표현입니다. 반대로 '~를 하지 말았어야 했는데'라고 할 때는 should not have(shouldn't have) 다음에 과거분사를 이어 말하죠. '그때로 돌아간다면 ~할 텐데'는 **'would have(would've)+과거분사'**라고 합니다. 그 반대로 '그때로 돌아간다면 ~하지 않을 텐데'라고 할 때는 'would not have(wouldn't have)+과거분사' 형태로 말합니다. '그때는 분명 ~였을 것이다'라고 강하게 추측할 때는 'must have+과거분사'의 형태를 쓰고 그 반대는 'must not(mustn't) have+과거분사'로 표현합니다.

- I **should've taken** your advice.
  당신의 조언을 받아들였어야 했는데.
- I **would've become** rich if I'd saved all that money.
  그 많은 돈을 다 저축했었다면 난 큰 부자가 되었을 거야.
- I **wouldn't have felt** so miserable.
  난 이렇게 비참하게 느끼진 않았을 텐데.
- Traffic **must've been** terrible.
  교통이 아주 혼잡했겠군요.

Review Quiz

1 보기에서 알맞은 표현을 골라 문장을 완성하세요.

보기 should've / wouldn't have / shouldn't have

You __________ apologized to her yesterday.
넌 어제 그녀에게 사과를 했어야 했어.

If I had known Jane would be coming, I __________ left the party so early.
제인이 오는 걸 알았더라면, 난 파티를 그렇게 빨리 떠나진 않았을 거야.

Can't you see he is just using you? You __________ believed what he said.
그는 그저 널 이용하고 있다는 걸 모르겠니? 넌 그가 말하는 걸 믿지 말았어야 했어.

2 괄호 안에서 알맞은 표현을 골라 대화를 완성하세요.

A I told Jane that Jack was not for her. You (would've / wouldn't have) said the same thing.
제인에게 잭은 그녀와 맞지 않는다고 했어. 너도 똑같이 말했을 거야.

B Oh, no, I (would've / wouldn't have) said that.
이런, 나라면 그런 말은 하지 않았을 거야.

A I'm too full. I (would've / shouldn't have) had that dessert.
나 지금 너무 배불러. 그 디저트를 먹지 말았어야 했는데.

B I (wouldn't have / must have) ordered the fudge if I'd known it would be that sweet.
그게 그렇게 단맛일 줄 알았더라면 난 그 퍼지를 주문하지 않았을 거야.

정답 1. should've / wouldn't have / shouldn't have
2. would've / wouldn't have / shouldn't have / wouldn't have

청유하기

~할래요?, ~합시다

Aiden **Would you like to** have dinner with us?

Jim Sure, I'd love to. **Shall we** go for seafood?

Aiden Sounds great. **Do you want to** try that new restaurant?

Aiden 저희랑 저녁 드시겠어요? **Jim** 그럼요. 기꺼이요. 해산물 먹으러 갈까요? **Aiden** 그거 좋은데요. 새로 생긴 식당 한번 가 볼래요?

회화에서 뽑은 문법

'Would you like to ~?'는 상대방에게 어떤 것을 공손하게 청하는 표현으로, would like는 want에 가까운 뜻입니다. 상대방에게 '~하고 싶은가요?'라고 묻는 말이지만 실은 어떤 것을 정중히 권유하는 상황에서 쓰일 수 있죠. 그와 비슷한 상황에서 **'Shall we+동사(구동사) ~?'**라고 하면 어떤 일을 함께하자고 청하는 표현이죠. 다소 가볍게 '~할래요?'라고 권하려면 **'Do you want to+동사(구동사) ~?'**로 묻기도 합니다.

- **Would you like to** take a seat?
  자리에 앉으시겠어요?
- **Would you like to** watch a movie?
  영화 보시겠어요?
- **Shall we** dance?
  우리 같이 춤출까요?
- **Shall we** go for a walk?
  우리 같이 산책하러 갈까요?
- **Do you want to** order pizza?
  피자 배달 주문할까?
- **Do you want to** check out that store?
  우리 저 가게 한번 들어가 볼래?

Review Quiz

1 **보기에서 알맞은 표현을 넣어 문장을 완성하세요.**

보기 would you like / shall we / want to / like to

_______________ to try on this blue jacket?
이 파란색 재킷을 입어 보시겠어요?

Do you _______________ join me for a game of tennis?
나랑 테니스 한 게임 할래요?

_______________ have dinner sometime next week?
다음 주에 우리 저녁 같이 할까요?

Would you _______________ have some ice cream?
아이스크림 좀 드릴까요?

2 **괄호 안에서 알맞은 표현을 골라 대화를 완성하세요.**

A (Shall we / Would you) like to try a Korean dish?
한국 음식 한번 먹어 보시겠어요?

B Sure. I will try a spicy one.
그러죠. 매운 거 먹어 볼게요.

A (Do you want / Shall we) meet again tomorrow?
우리 내일 다시 만날까요?

B Sure. I'm free after 6 o'clock tomorrow.
그래요. 저는 내일 6시 이후에 시간 있어요.

단어
dish 요리 spicy 매운

정답 1. Would you like / want to / Shall we / like to
2. Would you / Shall we

비교급 만들기

더 ~해요, 덜 ~해요

Jacob I like this house **better than** that house.

Emily It is **bigger** and **brighter**.

And it has **more** rooms too.

Jacob You're right.

Jacob 나는 그 집보단 이 집이 더 좋아. **Emily** 여기가 더 크고 더 밝네. 그리고 방도 더 많고.
Jacob 네 말이 맞아.

회화에서 뽑은 문법

형용사나 부사 뒤에 -er을 붙여 '더하다' 또는 '덜하다'고 비교할 수 있습니다. 단어의 끝이 '단모음+자음'이면 '끝 자음+er', y로 끝나면 -ier을 붙이고, 비교적 긴 단어는 앞에 more 또는 less를 붙여 비교급을 만들죠. 수가 더 적다고 하면 fewer라고 합니다. 뒤에 **비교가 되는 대상을 말하고 싶을 땐 than으로** 이어 말하면 됩니다. good, well의 비교급은 better, bad의 비교급은 worse로 씁니다. 두가지가 서로 비슷한 경우에는 **'as+형용사/부사+as+비교 대상'**으로 씁니다.

· John is **smarter than** his brother.
존은 그의 형보다 더 똑똑해요.

· This blue tie is **more fashionable than** that red one.
이 파란색 타이가 빨간 것보다 더 패셔너블해요.

· There are **fewer people** in the audience today.
오늘 관중에는 사람들이 덜 있네요.

· It's just **as big as** that one.
이것은 저것만큼이나 커요.(= 크기가 비슷해요.)

Review Quiz

1 **괄호 안에 주어진 단어를 비교급 표현으로 바꿔 문장을 완성하세요.**

My mother got ______ quickly thanks to proper treatment. (well)
우리 엄마는 적절한 치료 덕분에 빨리 나아지셨다.

What countries in the world are ______ than China? (big)
이 세상에서 어떤 나라들이 중국보다 큰가요?

This work is a lot ______ than I expected. (difficult)
이 일은 내가 예상했던 것보다 훨씬 더 어렵군요.

We should try not to spend ______ money than we earn. (much)
우리는 자기가 버는 것보다 더 많은 돈을 쓰지 않도록 노력해야 합니다.

2 **괄호 안에 주어진 단어를 비교급 표현으로 바꿔 문장을 완성하세요.**

The bag I have is ______ than this one. (expensive)
내가 가지고 있는 가방이 이것보다 더 비싸다.

The director's new movie is not ______ as his last movie. (good)
그 감독의 새 영화는 지난번 영화만큼 좋지 않다.

The midterm exam was ______ than the final. (easy)
중간시험이 기말시험보다 더 쉬웠다.

She is not ______ at home as she is abroad. (popular)
그녀는 자기 나라에서 해외에서만큼 인기 있지는 않다.

단어
proper 적절한, 제대로 된 expect 예상하다, 기대하다 earn 벌다 expensive 비싼 director 감독

정답 1. better / bigger / more difficult / more
2. more expensive / as good / easier / as popular

최상급 만들기

가장 ~해요

Leah Is Seoul **the largest** city in Korea?

Jayce Yes, and this is **the most popular** restaurant in town. Now it is **the busiest** time of the day.

Leah Wow, look at the long line!

Leah 서울은 한국에서 가장 큰 도시야? **Jayce** 응, 그리고 이곳은 이 지역에서 가장 인기 있는 식당이야. 지금이 하루 중에 가장 바쁜 시간이고. **Leah** 와, 저 길게 줄 선 것 좀 봐!

회화에서 뽑은 문법

세 개 이상의 비교 대상 중에서 양, 수, 정도가 '가장 ~하다'라고 할 때 형용사나 부사의 최상급을 씁니다. 최상급은 보통 **단어의 앞에 the, 끝에 -est**를 붙이죠. 조금 긴 단어라면 앞에 the most만 붙입니다. 그리고 '가장 ~한', '가장 ~하게'라는 최상급 문장을 표현하기 위해서 any other(다른 무언가), no other(~도 ~않다) 등을 활용한 비교급 문장을 쓰기도 합니다.

- That was **the greatest** movie ever!
  그 영화는 이제까지의 모든 영화 중에서 가장 훌륭한 영화였어요!
- This is **the most expensive** hotel in town.
  이 호텔은 이 지역에서 가장 비싼 호텔입니다.
- John is **more diligent than any other man** in the company.
  존은 이 회사의 다른 어떤 남자들보다도 더 부지런합니다.
- **No other man** in the company is **more diligent than** John.
  회사의 다른 누구도 존보다 부지런하진 않다.

Review Quiz

1 괄호 안에 주어진 단어를 최상급 표현으로 바꿔 문장을 완성하세요.

This is __________ movie I have ever seen. (interesting)
이것은 내가 본 것 중 제일 재미있는 영화예요.

What is __________ mountain in the world? (high)
세계에서 제일 높은 산은 어느 산인가요?

He is __________ for his acting in the movie *Iron Man*. (well known)
그는 영화 〈아이언맨〉에서의 연기로 가장 잘 알려져 있다.

Last summer vacation was my __________ holiday in my life. (bad)
지난 여름휴가는 내 인생 최악의 휴가였어요.

2 빈칸에 알맞은 표현을 넣어 문장을 완성하세요.

He is __________ man in the world.
그는 세상에서 가장 부유한 사람이다.

Health is __________ thing in your life.
인생에서 가장 중요한 것은 건강이다.

This is __________ way.
이것이 가장 쉬운 방법이다.

The cheetah can run __________ than any other land animal.
치타는 다른 어떤 육지 동물보다도 더 빨리 달린다.

단어
holiday 휴가

정답 1. the most interesting / the highest / best known / worst
2. the richest / the most important / the easiest / faster

자주 쓰는 관용 표현

의견 말하기, 조건 말하기, 시기 말하기

Sarah **In my opinion**, we need to reconsider this plan.

Dylan **To be honest**, I think you're overreacting.

Sarah Well, **even though** you disagree, I have to do my job.

Sarah 제 생각에, 우리가 이 계획은 재고해야 한다고 봐요. **Dylan** 솔직히 말하면, 난 당신이 과잉 반응하는 거라고 생각해요. **Sarah** 글쎄요, 비록 당신이 동의하지 않더라도, 저는 제 할 일을 해야 해요.

회화에서 뽑은 문법

의견을 말할 때 많이 쓰는 표현으로 **in my opinion**(제 생각은), **to be honest**(솔직히 말하자면), **in conclusion**(결론은) 등이 있습니다. 조건을 나타내는 표현에는 **as long as**(~하는 한), **even though**(비록 ~일지라도), **even if**(만일 ~라 해도), **in case that**(~인 경우에는), **so that**(~하도록, ~하기 위해서) 등이 있는데 조건을 제시하거나, 이미 일어난 일 또는 일어나지 않은 일에 대해 말할 때 자주 쓰이죠. 또 시기를 말할 때 자주 쓰는 표현으로 **as soon as**가 있는데요, '~하자마자'라는 의미입니다.

- **As long as** you go, I will go too.
  당신이 가는 한 나도 갈 거예요.
- **Even though** you disagreed, I had to do it anyway.
  비록 당신이 반대했지만, 난 어쨌든 그걸 해야 했어요.
- **Even if** she's not happy, I don't care.
  만일 그녀가 행복하지 않다고 해도 나는 상관하지 않아요.
- **In case that** less than 3 people show up, we'll have to cancel the show.
  세 명 이상 나타나지 않는다면, 우리는 그 공연을 취소해야만 할 거예요.
- Could you call me **as soon as** you hear from John?
  존에게 연락을 받자마자 나에게 전화해 줄래요?

Review Quiz

1 보기에서 알맞은 표현을 골라 문장을 완성하세요.

보기 in my opinion / so that / to be honest

__________, I don't like working with him.
솔직히 난 그와 함께 일하는 것이 마음에 들지 않아요.

__________, this project needs to be revised.
제 생각에 이 프로젝트는 수정돼야 합니다.

Jane swims every day __________ she can stay healthy.
제인은 건강을 유지할 수 있도록 매일 수영을 해요.

2 뒤에 이어지는 말을 보기에서 골라 문장을 완성해 보세요.

a. We're going to start the meeting ______
우리는 회의를 시작할 겁니다.

b. I will never forget your kindness ______
당신의 은혜는 잊지 않을게요.

c. He is an awful miser ______
그는 지독한 구두쇠예요.

보기 ① as long as I live.
제가 살아 있는 한
② as soon as Mr. Jones arrives.
존스 씨가 도착하는 대로
③ even though he is very rich.
아주 부자인데도 불구하고

단어
revise 변경하다, 수정하다 stay healthy 건강을 유지하다 kindness 친절, 은혜 awful 지독한, 끔찍한 miser 구두쇠

정답 1. To be honest / In my opinion / so that
2. a - ② / b - ① / c - ③

직접화법, 간접화법

~가 …라고 말했어요

David John **said** to Jane, "Please marry me." Jane **said**, "Yes, I will!" Then John **said to** Jane **that** he **loved** her so much.

David 존이 제인에게 "부디 나와 결혼해 줘."라고 말했어요. 제인이 "좋아 그럴게!"라고 말했어요. 그러자 존은 제인에게 그가 그녀를 무척이나 사랑한다고 했어요.

회화에서 뽑은 문법

남이 한 말을 전할 때 그 사람의 말을 그대로 되풀이하며 전달하는 것을 직접화법이라고 하고, 그 내용을 자신의 말로 바꾸어 전달하는 것을 간접화법이라고 합니다. **직접화법은 '주어+said, "(상대방이 말한 내용)"'**의 형태로 씁니다. 반면에 **간접화법은 '주어+said+that+(전할 말의 내용)'**의 형식으로 씁니다. 이때 시제를 말한 시점과 맞추어야 합니다. 또 정확히 누구에게 그 말을 했는지 said to ~ that 또는 told ~ that으로 이어 말할 수 있죠. 간접적으로 전할 내용이 의문문인 경우에는 said that이 아닌 asked if(또는 whether)를 씁니다. 말을 전할 때 this는 that이나 it으로 바꾸죠. 의문사로 시작하는 말을 전할 때는 '의문사+주어+동사'의 순으로 묻습니다.

- John **said**, "I love Jane so much!"
  존은 "난 제인을 무척 사랑해!"라고 말했죠.
  = John **said** to me that he loved Jane so much.
  존이 내게 말하길 자신이 제인을 사랑한대요.
- I **asked** John, "Did you get the ring?"
  난 존에게 물어봤죠. "그 반지를 샀나요?"
  = I **asked** John **if** he got the ring.
  난 존에게 그 반지를 샀는지 물어보았어요.

Review Quiz

1 괄호 안에 주어진 단어를 이용해서 화법과 시제에 맞게 문장을 완성하세요.

She told me that ______________ coffee every day. (drink)
그녀는 매일 커피를 마신다고 말했다.

He said to me, "______________ call you tomorrow." (will)
그는 내게 "내가 내일 너한테 전화할게."라고 말했다.

Tom said that ______________ bought that car the day before. (have)
톰은 그 전날 그 차를 샀다고 말했다.

I said to Jane, "______________ ever been to Australia?" (have)
나는 제인에게 "호주에 가 본 적 있어요?"라고 말했다.

2 화법에 알맞은 표현을 넣어 문장을 완성하세요.

He asked Susan ______________ answer was correct or not.
그는 수잔에게 그녀의 답이 맞는지 틀린지 물었다.

Jenny told me that ______________ was ______________ best friend.
제니는 내가 자기의 가장 친한 친구라고 내게 말했다.

I asked them ______________ would like to order.
나는 그들에게 주문할 것인지 물어보았다.

She said that ______________ was eating dinner then with ______________ family.
그녀는 그때 자신의 가족들과 저녁을 먹고 있었다고 말했다.

단어
correct 맞는, 정확한

정답 1. she drank / I will / he had / Have you
2. if her / I, her / if they / she, her